적십자 정신과 실천

적십자 정신과 실천
적십자운동의 역사와 현실

지은이 | 김혜남
펴낸이 | 조현주
펴낸곳 | 도서출판 하늘재

1판 1쇄 펴낸 날 | 2002년 2월 25일
1판 2쇄 펴낸 날 | 2002년 4월 30일

등록 | 1999년 2월 5일 제20-140호
주소 | 서울시 양천구 목4동 798-8 2층(158-054)
전화 | (02)2644-0656
팩스 | (02)2644-0657
E-mail | haneuljae@hanmail.net

ISBN 89-950193-9-5 03330

값 9,000원

ⓒ 2002, 김혜남

* 이 책은 한서대학교 국제인도주의 연구소의 지원을 받아 간행하였습니다.

* 잘못된 책은 바꾸어 드립니다.

| 적십자운동의 역사와 현실 |

적십자 정신과 실천

한서대학교 국제인도주의연구소장
김혜남 지음

하늘재

| 추천의 말 |

 2001년 9월 11일은 미국 대통령이 표현한 바와 같이 21세기에 있어서 중요한 날임에 틀림없습니다. 뉴욕의 무고한 민간인들에 대한 공격의 결과 테러에 대한 전쟁이 선포되었고, 아프가니스탄에서 전쟁이 시작되었습니다. 세계 여러 나라에서 새로운 적과 싸우는데 여러 가지 방법이 동원되었으나 어느 누구도 이 전쟁이 언제 끝날지 알 수 없습니다.
 근래에 있었던 다른 분쟁과 마찬가지로 이 새로운 전쟁에 관해 여러 가지 측면에서 생각해볼 수 있습니다. 이 전쟁은 유례가 없고 독특하며, 여러 가지 점에서 예측하기 어려운 전쟁입니다.
 이 전쟁은 재래식 전쟁과는 달리 적들이 어느 국가에 소속된 정규 군대의 군인이 아닙니다. 뿐만 아니라 20세기 말엽 세계 여러 나라에서 찾아볼 수 있듯이 중앙 정부에 대항해서 싸우는 게릴라 전사들도 아닙니다. 이 전쟁은 군사적일 뿐 아니라 경제적·정치적·재정적이며, 많은 나라와 직접적 또는 간접적으로 관련되어 있습니다.
 21세기의 첫 전쟁인 이 전쟁이 독특하기는 해도 다른 분쟁과 비슷한 점도 갖고 있습니다. 다른 전쟁과 마찬가지로 희생자를 낳고 있다는 점입니다. 군인과 민간인 양측에 다 사상자가 발생하여 많은 사람들이 다치거나 포로가 되고, 많은 민간인들이 거처를 잃고 방황하며, 가족들이 서로 헤어집니다. 그런 점에 비추어볼 때 이 새로운 분쟁은 다른 분쟁과 다를 바가 없습니다. 그런 상황에서 남자든, 여자든, 전투원이든 비전투원이든 고통에 처한 사람이면 누구나 보호와 지원을 필요로 하게 되며, 국제인도법의 여러 조약에 규정되어 있는 기본적인 규칙에 대한 최소한의 존중을 요하게 됩니다.

앙리 뒤낭(1828~1910) 이전에 분쟁 당사국간에 전투중 기본적인 행동규범 존중을 목적으로 지역적 협정이 타결된 예는 역사상 많이 있었으며, 전쟁터에서 부상자를 돌보기 위해 단체가 조직된 예도 있습니다. 그러나 이것은 특정한 성격을 지닌 것으로 세계적 차원은 아니었습니다.

스위스에서 태어난 사업가 앙리 뒤낭은 1859년 우연히 이탈리아의 솔페리노 전쟁의 결과를 목도했습니다. 전쟁이 끝난 자리에는 4만 명에 달하는 양측 사상자들이 아무런 치료도 받지 못한 채, 그냥 내버려져 있었습니다. 뒤낭은 네 가지 중요한 조치를 취했습니다.

1. 마을 사람들의 도움을 얻어 부상자들을 돌보았습니다.
2. 1862년 《솔페리노의 회상》을 출간했습니다.
3. 1863년 제네바에 있는 네 명의 친구들과 함께 적십자를 창설했습니다.
4. 1864년 국제회의를 통해 국제인도법에 관한 최초의 협약을 만들었습니다.

140년이 지난 오늘날에도 국제적십자위원회는 178개국에 조직되어 있는 적십자사/적신월사의 도움을 얻어 40여 개국에서 수많은 전쟁 희생자들을 보호하고 도와주고 있습니다. 많은 국가가 제네바협약과 그 밖의 조약에 가입하고 있어 오늘날 국제인도법은 보편화되었습니다.

앙리 뒤낭은 특이한 인물로 적십자와 분리될 수 없습니다. 오늘날 국제인도법은 그 어느 때보다 더 필요합니다.

 국제적십자위원회는 적십자의 역사와 정신, 활동, 특성, 역할에 대한 연구와 교육, 보급을 적극 장려해오고 있습니다. 따라서 그러한 중요한 내용을 담은 책을 출간하는 것에 대해 김혜남 교수에게 감사드립니다. 이 책이 많은 학생들에게 큰 관심을 불러일으킬 것과 한국에서 적십자 정신을 널리 알리는 데 기여하리라는 것을 믿어 의심치 않습니다.

국제적십자위원회 대표
장 마르끄 보르네

September 11, 2001, is certainly a key date in the history of the XXI century, as expressed by the President of the United States of America. As a result of the attack on innocent civilians in New-York, war was declared on terrorism. War was then waged in Afghanistan, measures were taken in many countries of the world to fight this new enemy, and yet nobody knows when this new war will end.

Like any other previous conflict, this new war can be looked at from different perspectives, and the current one is certainly original, unique and unprecedented in many ways. It looks anything but conventional. The enemies are no longer members of classical armed forces belonging to two or more countries fighting each other. They are not even guerilla fighters struggling against a central government, as used to be the case in so many countries of the world at the end of the XX century. The war is not only military, it is economic, political, financial, it concerns many countries directly or indirectly.

As unique as it may be, the first war of the new century bears features similar to any other conflict. Like any other war before, this one causes **victims**. People are killed, both military and civilians, many are wounded, prisoners are taken, large numbers of civilians are displaced, families are separated. In that respect the new conflict does not differ from any other. Protection and assistance are required for anyone suffering from that situation, on the condition he or she is not a combatant or no longer a combatant.

This then calls for a minimum of respect for basic rules laid down in the many treaties of International Humanitarian Law.

Before Henry Dunant (1828-1910), there were many examples throughout World History of local arrangements made between two or more fighting parties, with a view to respecting basic norms of behaviour during fighting. There were also examples of institutions organised to take care of wounded on the battle fields. However, these arrangements only bore an ad hoc character and were never given any universal dimension.

Born as a Swiss citizen and businessman, Henry Dunant witnessed, by mere coincidence, the consequences of war on the battlefield of Solferino/Italy in 1859. Forty thousand wounded or dying soldiers were lying on the field after the battle, friends and foes alike, with no care, no organisation taking care of them. Dunant took four key initiatives :

1. With the help of local villagers he took care of the wounded.
2. In 1862 he published a book " A Memory of Solferino".
3. In 1863, with four other friends in Geneva, he founded the Red Cross.
4. In 1864, in the framework of an international conference he was at the origin of the very first convention on International Humanitarian law.

140 years later, the International Committee of the Red Cross with the help of Red Cross or Red Crescent National Societies established in 178 countries, brings protection and assistance to hundreds of thousands of war victims in 40 differents countries. The Geneva Conventions and different treaties of Humanitarian Law have been adhered to by most countries of the world and are thus considered universal.

Henry Dunant is unique, the Red Cross indispensable, and the International Humanitarian Law more needed than ever.

The International Committee of the Red Cross encourages studies, teaching and dissemination on the Red Cross, its role, activities, specificities, history and spirit. It is therefore grateful to Professor Heh-Nam Kim for publishing a book on such an important issue. No doubt that this publication will be of great interest for students and will contribute to the promotion of Red Cross ideals in the Republic of Korea.

Jean-Marc Bornet
ICRC Delegate

| 머리말 |

 적십자에 관한 이야기는 거의 모든 사람들이 다 들어본 적이 있을 것이다. 적십자의 창시자 '앙리 뒤낭'의 이야기는 우리가 아주 어려서부터 듣는 이야기이다. 그러나 막상 적십자의 기본 정신, 그 근황과 다양한 실천 분야에 관해서 정확한 정보를 지니고 있는 사람은 그리 많지 않은 것 같다.
 그런 이유로 적십자인들이나 일반인들이 적십자에 대해 알고 싶을 때 쉽게 참고할 수 있는 책의 필요성을 진작부터 느끼고 있었다. 그러나 그 방대한 작업 분량 때문에 엄두를 내지 못하고, 그간 적십자에 관해 강의할 때마다 그때 그때 필요한 부분을 작성, 복사해서 사용해 왔다.
 2001년 3월 한서대학교에서 적십자에 대한 강의를 시작하면서 적십자에 관한 다양한 정보를 담은 책의 필요성을 더욱 크게 느끼게 되었다. 이 과목을 듣는 학생들이 한 학기를 마치고 나서 강의시간에 들은 것이나 토의한 것들은 더러 잊는다 해도 그 내용들을 묶은 책이 있으면 앞으로도 도움이 될 것이라는 생각이 들자 이 일을 더이상 늦출 수는 없다는 생각이 들었다.

　참고자료로는 적십자의 정신과 국제인도법을 체계적으로 연구, 보급하고 있는 국제적십자위원회(ICRC)가 발간한 자료를 많이 참고했다. 그리고 1994년 ICRC가 제네바에서 개최한 교육과정 교재와 한국에서 3년에 걸쳐 대한적십자사가 ICRC와 공동으로 개최한 보급요원 교육과정 내용과 그 교재, 그리고 그간 참가한 여러 국제회의와 지역회의 자료들을 참고하였다. 책에 실린 사진들은 주로 제네바에 있는 국제적십자위원회 자료들을 사용했다.

　독자의 이해를 돕기 위해 편의상 적십자의 역사, 표장, 이념, 기구와 활동, 국제인도법, 적십자운동의 당면과제 등으로 단원을 나눴고, 매 단원마다 이해를 돕기 위하여 사례들과 참고자료들을 넣었다.

　우리가 적십자운동의 기원을 이야기할 때 흔히 솔페리노 전투에서부터 시작하는데 이 책에서는 솔페리노 전쟁이 일어나기까지의 당시 유럽의 상황을 설명하기 위하여 이미 발표하였던 "프랑스혁명에서 솔페리노 전투까지"를 책 앞 부분에 실었다. 기구와 활동을 다룬 장에서 언급한 몇몇 적십자사의 활동은 대부분 그 적십자사를 직접 방문했을 때 수집한 내용들이다.

국제인도법은 그 자체만으로도 엄청난 분량의 연구서적이 나와 있고 또 계속적으로 중요 부분에 관한 연구보고가 나오고 있기 때문에 이 책에서는 국제인도법의 역사적 배경과 기본정신, 개요와 국제전, 국지전에서의 위반사례 등의 핵심적인 부분을 요약해서 실었다.

냉전체제가 끝났다고 하나 세계 도처에서 분쟁과 긴장은 가시지 않고 있다. 눈부신 과학의 발전과 상관없이 자연재해 앞에 선 무력한 사람들이나 기본적인 생존마저 위협받고 있는 사람들의 수가 줄어들 줄 모르는 오늘날의 상황에서 적십자에 요구되는 보다 전문화되고 확대된 역할을 짚어보기 위하여 당면과제와 주요 관심사를 마지막에 넣었다.

한서대학교의 국제인도주의연구소에서 한 해 동안 연구한 결과로

이 책을 완성할 수 있게 되어 기쁘다.

  이 책의 출간은 다른 나라에서도 찾아보기 어려운 전문적인 적십자 강좌를 대학에 개설하여 학생들에게 인도주의 정신을 보급하는 일에 앞장서고 계신 본교 함기선 총장님의 이해와 격려에 힘입은 바가 크다. 총장님께 깊은 감사를 드리며 미처 제대로 정리가 되지 못했던 복잡한 원고들을 단정한 한 권의 책으로 묶어준 도서출판 하늘재의 조현주 님께도 진심으로 감사드린다.

2002년 2월 23일
김혜남

| 차례 | 적십자 정신과 실천

추천의 말 · 4
머리말 · 10

제1장 적십자운동의 기원과 발전

1. 프랑스혁명에서 솔페리노 전투까지 · 21
    1) 나폴레옹 전쟁과 비인회의 · 21
    2) 오스트리아의 이탈리아 지배 · 23
    3) 솔페리노 전투 · 26
2. 적십자운동의 시작 · 29
    1) 초기부터 1914년까지 · 29
    2) 제1차 세계대전중의 적십자 · 36
    3) 제1차 세계대전과 제2차 세계대전 사이 · 37
    4) 제2차 세계대전 · 40
    5) 제2차 세계대전 이후 · 42
3. 앙리 뒤낭(1828~1910) · 45

제2장 적십자 표장

1. 표장의 유래 · 57
  1) 적십자 표장의 채택 · 57
  2) 적신월 표장의 등장 · 59
  3) 적사자 태양 · 59
  4) 다윗의 별 · 60
  5) 제3의 표장 · 61
2. 표장의 상징 · 63
3. 표장의 사용 · 65
4. 표장의 남용 · 70

  * 표장의 약사 · 75
  * 적십자 조직법 중 표장사용 관련 규정 · 76
  * 각국 적십자사의 적십자 표장 사용 규정 · 78

제3장 국제적십자운동의 기본원칙

1. 역사적 배경 · 105
2. 일곱 가지 원칙 · 112

1) 인도 · 112
   2) 공평 · 115
   3) 중립 · 119
   4) 독립 · 126
   5) 봉사 · 131
   6) 단일 · 136
   7) 보편 · 139
3. 보급 · 144

제4장 국제적십자 기구와 활동

1. 국제적십자운동 구성체 · 152
   1) 국제적십자위원회 · 152
   2) 국제적십자사연맹 · 160
   3) 각국 적십자사/적신월사 · 164
2. 정관과 기구 · 172
   1) 상치위원회 · 172
   2) 대표자회의 · 173
   3) 국제적십자회의 · 173
3. 각 구성체간의 협력 · 175

* 중앙심인국 · 177
* 적십자 활동 사례 · 191
  - 9 · 11 테러 · 191
  - 경제공황과 적십자 · 195
  - 코소보사태와 적십자 · 197
  - 경제제재 조치와 인도주의 · 200
* 세비야 합의서 · 204

제5장 국제인도법

1. 인도법이 탄생하기까지 · 233
2. 국제인도법의 정의 · 237
3. 국제인도법의 기원과 발전 · 240
4. 1949년 제네바4개협약 · 244
5. 두 개의 1977년도 추가의정서 · 246
   1) 외교회의(1974~1977) · 247
   2) 추가의정서 · 248
6. 4개협약에 공통적인 조항 · 250
7. 국제인도법의 적용 · 259
8. 무력충돌시 적용되는 기본 규정 · 261

제6장 오늘날의 상황과 당면과제

1. 국제적십자운동의 과거와 현재 · 265
2. 국제적십자 운동이 처해 있는 상황 · 268
3. 당면과제 · 270
   1) 국제구호와 발전계획 · 270
   2) 물 · 275
   3) 요원의 안전 · 277
   4) 전쟁과 아동 · 278
   5) 대인지뢰 · 283

제1장
적십자운동의 기원과 발전

1. 프랑스혁명에서 솔페리노 전투까지

1) 나폴레옹 전쟁과 비인회의

1789년에 시작된 프랑스혁명은 자유와 평등을 모토로 한 새로운 시민사회를 출발시켜 입헌군주정을 폐지하고 공화정을 실현, 근대민주국가의 기본원리를 낳았다. 그러나 혁명은 새로운 혼란과 무질서를 낳아 마침내 나폴레옹의 군사독재를 부르고 말았다.

그러나 이렇게 프랑스혁명을 매듭짓고 프랑스 황제로 군림했던 나폴레옹(Bonaparte Napoléon, 1769~1821)의 유럽 전역에 걸친 세력 확장의 꿈은 마침내 1812년 모스크바 원정 실패로 깨어지고, 1813년 영국, 네덜란드, 프로이센, 러시아, 오스트리아 등의 동맹국 군대에게 패배해 이듬해인 1814년 3월에 마침내 파리를 빼앗기고 말았다.

4월 20일 남쪽으로는 지중해 일대에서 북쪽으로는 모스크바까지 유럽의 대부분을 피로 적신 '나폴레옹 전쟁'은 종말을 고하고 나폴레옹은 엘바 섬으로 유배되었다.

5월 30일 대불동맹[1] 여러 나라들은 파리조약(Treaty of Paris)을 체결, 프랑스 영토를 1792년 당시의 경계선으로 환원시키고 부르봉 왕조를 부활시켜 루이 16세(Louis ⅩⅥ, 1754~1793)의 아우 루이 18세(Louis ⅩⅧ, 1755~1824)를 즉위시켰다. 그러나 나폴레옹과 그의 친족이 지배하고 있던 프랑스 이외의 다른 지역은 어떻게 할 것이냐 하는 문제가 결정되지 않아 이를 위해 1814년 9월 프랑스 대표를 포함, 오스트리아, 프로이센, 러시아, 영국 등 유럽 여러 나라 대표들이 한 자리에 모이는 국제회의가 비엔나에서 열렸다. 이것이 비인회의(Congress of Vienna)이다.

그러나 각국의 이해관계가 걸려 있는 이 회의는 해를 넘겨도 결말이 나지 않았다. 이러는 동안에 나폴레옹이 엘바 섬을 탈출, 파리로 진격하자 서둘러서 비인회의 최종의정서를 6월 9일 체결하였다. 나폴레옹이 워털루 전쟁에서 다시 패배하고 남대서양의 세인트 헬레나 섬으로 유배된 것은 이 의정서 조인 직후이다.

이 회의 결과 유럽은 재편성되어 러시아는 나폴레옹 전쟁중 스웨덴에서 얻은 핀란드의 종주권(宗主權)을 계속 보유하고, 바르샤바 대공국을 거의 다 얻어 폴란드 왕국을 수립, 러시아 황제가 이 왕국의 국왕을 겸했다. 프로이센은 바르샤바 대공국의 북부지방과 라인 강 중류의 베스트팔렌(Westfalen)과 라인란트(Rheinland), 작센의 북부, 스웨덴령 서 폼메른(Pommern)을 얻었으며, 영국은 17세기 후반부터 강력한 해군력을 이용, 해외 식민지를 넓혀나갔다.

---

1) **대불동맹**: 1790년 초에서 1810년대 초까지 프랑스에 대항했던 나라들이 4차에 걸쳐 체결한 동맹. 참가국은 때에 따라 다르지만 영국, 스웨덴, 네덜란드, 프로이센, 러시아, 오스트리아, 이탈리아, 에스파니아 외에 터키까지 광범위했다.

2) 오스트리아의 이탈리아 지배

한편 오스트리아는 나폴레옹 전쟁중 잃었던 독일과 이탈리아의 영토를 차지했으며, 네덜란드의 옛 영토를 포기하는 대신 이탈리아 북부의 롬바르디아(Lombardie)와 베네벤토(Benevento)를 얻었다. 즉 베니치아(Venezia)와 롬바르디아는 롬바르디아 베네토 왕국(Lombardie Veneto)으로 개조되어 오스트리아 총독의 지배를 받는 속국이 되었다. 그러나 오스트리아의 이탈리아 지배체제는 여기서 그치지 않았다. 즉 롬바르디아 베네토 왕국에는 직접 총독을 두었고 파르마(Parma), 모데나(Modena), 토스카나(Toscana)의 3개 공국(公國, Duchy)에는 오스트리아 합스부르그 왕가2)의 친족이 군림했고, 시칠리아 왕국과 사르디니아 왕국에는 오스트리아식 반동정치3)를 강요했으며, 교회국가 로마에는 오스트리아 군대를 주둔시켰다.

그러나 이러한 오스트리아의 지배 및 복고 왕정의 반동정치는 나폴레옹 시대의 근대적 정치를 통해 민족의식에 눈뜬 이탈리아의 지식층과 진보적 청년귀족 사이에 크게 반발을 일으켰다. 때마침 1820년 봄 에스파니아 혁명이 성공을 거두었다는 소식이 전해지자 나폴리를 시발점으로 시칠리아, 사르디니아 등지에서 이탈리아 해방과 헌정(憲政)을 요구하는 혁명이 일어났다. 그러나 이러한 반란은 각 도시의 개별적인 행동인 데다가 대규모의 시민혁명이 아닌 일부 귀족과 지식인들의 저항이었으므로 오스트리아에 의해 진압될 수밖에 없었다.

---

2) **합스부르그 왕가** : 1273년 루돌프 1세가 제위에 올라 신성로마제국 · 오스트리아 왕가로 계속되다가 1806년 나폴레옹 때문에 신성로마황제의 칭호를 사퇴, 1918년 제1차 세계대전 결과 카알 1세의 퇴위로 막을 내림.
3) **오스트리아식 반동정치** : 여기서 반동정치란 모든 프랑스적인 것, 새로운 것을 전면 거부하고 종교재판 등 중세적인 것을 강요하는 중앙집권적 정치이다.

이때 제네바에 나타난 마치니(Giuseppe Mazzini, 1805~1872)는 '청년 이탈리아(Giovine Italia)'를 전국에 조직하여 1833년 피에몬테에서 민중봉기를 시도했으나 실패하고, 스위스와 영국에서 제2의 봉기를 계획했다. 이러한 민주동맹의 영향으로 유럽에는 '청년 스위스' '청년 유럽' 등의 조직이 생겼다. 한편 이탈리아 국내에서는 롯시니(Gioacchine Rossini, 1792~1868), 도니제티(Gaetano Donizetti, 1797~1848), 베르디(Giuseppe Verdi, 1813~1901) 등 이탈리아 해방과 통일의 꿈을 음악에 담는 애국적 음악가들이 활약했다.

1848년 파리의 2월혁명[4] 소식은 이탈리아 해방전쟁을 위한 시민봉기에 다시 불을 질러 시칠리아를 시작으로 롬바르디아, 모데나, 파르마 등지로 빠른 속도로 퍼져나갔다. 처음에는 국외의 지원 없이 해보려고 했으나 오스트리아 주둔군에 의해 좌절되고 말았다.

1848~49년 혁명 뒤 이탈리아의 여러 나라는 그야말로 비참한 상태였다. 롬바르디아와 베네토 두 지방은 오스트리아 장군 라데츠키(Joseph Graf Radetzky, 1766~1858)의 지배를 받았고 파르마, 모데나 등에는 전제정치가 부활되었다. 그러나 사르디니아 왕국만은 예외였다. 오스트리아의 위협에도 불구하고 사르디니아의 엠마뉴엘레 2세(Emmanuel Ⅱ)와 영국의 진보적 사상의 영향을 받은 카부르(1810~1861) 수상은 오스트리아의 세력을 이탈리아 반도에서 몰아내려면 영국과

---

[4] 2월 혁명 : 주로 상층 부르주아의 이익을 중시하던 루이 필립의 7월 왕정이 1845년 이후의 경제 불황과 중소 부르주아와 노동자의 선거권 확장요구 등으로 위기를 맞게 되었다. 산발적인 소규모의 시위가 1848년 2월 22일 대규모의 군중시위로 발전했으며 시위대원과 정부 진압군과의 유혈충돌로 사태는 걷잡을 수 없이 발전, 마침내 국왕 루이 필립이 퇴위, 18년 간 계속되던 왕정이 공화정으로 바뀌었다. 그러나 그 해 12월 쿠데타를 통해 대통령 임기를 10년으로 연장시켰다. 이듬해인 1852년 1월 새 헌법에 의해 독재를 확립했으며, 52년 11월 제정(帝政)의 부활을 국민투표에 부쳐 12월 2일 나폴레옹 3세로 제위(帝位)에 올랐다.

솔페리노의 언덕.

프랑스의 지원을 받아야 한다고 판단, 크리미아(The Crimean War) 전쟁5)에서 고전하던 이들 국가의 환심을 사기 위해 국내의 반대를 무릅쓰고 1855년 4월 1만 7천 명의 병력을 크리미아 전선에 보내 국제적 지위를 향상시키고, 프랑스의 나폴레옹 3세 등을 자주 만나 이탈리아

---

5) **크리미아 전쟁** : 프랑스가 혁명에 몰두해 있는 사이 러시아의 지원을 받은 그리스정교도(正敎徒)들이 16세기 이래 프랑스가 장악하고 있던 터키 영내의 성지 예루살렘의 관리권을 가로채자 루이 나폴레옹은 국내 키톨릭교의 환심을 사려고 1852년 무력으로 터키 정부를 굴복시키고 관리권을 되찾았다. 이에 발칸을 거쳐 지중해로 남진할 기회를 엿보던 러시아의 니콜라이 1세는 터키 영내의 그리스 정교도들에 대한 보호권을 구실로 1853년 7월 침략을 개시하자 영·불 두 나라의 함대가 보스포러스 해협에 출동, 터키와 공수동맹을 맺고 10월 러시아에 선전포고를 했다. 전쟁은 1854년 10월부터 다음해 9월까지 약 1년 동안 크리미아 반도의 세바스토폴(Sevastopol, 지금의 아키아르—Achiar)에서 계속됐다. 천연 요새인데다가 불순기후에 콜레라까지 겹쳐 양측 다 힘들게 치른 이 전쟁은 간호원의 선구자 나이팅게일(Florence Nightingale, 1820~1910)이 40명의 간호사를 이끌고 도착, '크리미아의 천사'로 모든 부상병을 간호한 유명한 전투이기도 하다. 그 사이 니콜라이 1세는 죽고 사르디니아군까지 연합군에 합세, 러시아는 마침내 굴복하여 1856년 3월 비인회의 이후 최대 규모의 강화회의가 파리에서 열렸다.

솔페리노 전장의 모습.

문제를 국제 여론화했다.

3) 솔페리노 전투

당시 나폴레옹은 그의 선조들이 지배한 일이 있는 이탈리아의 민족 운동에 많은 관심을 가졌을 뿐 아니라 이탈리아에서 오스트리아의 세력을 몰아내고 프랑스권 내에 이탈리아를 끌어들이기를 원했다. 1859년 1월 사르디니아는 프랑스와 군사동맹을 체결했다. 이에 오스트리아는 군대를 증강시켰다. 4월 29일 오스트리아군이 진격하기 시작하자 사르디니아는 방어를 구실로 독립전쟁의 막을 올렸으며 나폴레옹

솔페리노 전장의 모습.

3세도 10만여 병력을 직접 인솔하고 북이탈리아에 출동하여 동맹군을 지휘했다. 그러나 젊은 황제 프란시스 요셉(Francis Joseph)이 이끄는 오스트리아 군대도 만만치 않았다. 전투는 몬테벨로(Montebello), 팔레스트로(Palestro), 마젠타(Magenta), 멜레냐노(Melegnano) 등 롬바르디아 평원에서 2개월 가까이 밀고 밀리며 계속됐다. 30만 명 이상의 병력이 대치하고 있던 전선은 그 길이가 20킬로미터에 달했다. 그러나 양측 군대의 결정적인 피의 접전은 6월 24일 솔페리노(Solferino) 전투로서 이 전쟁터가 바로 적십자운동이 싹튼 곳이다.

스위스의 청년 실업가 앙리 뒤낭(Henri Dunant)이 이곳을 목격했을 때는 15시간 이상 계속된 처절한 전투가 4만 명 이상의 사상자를 내고

막 끝났을 때였다. 이탈리아 통일전쟁은 그 후 1861년까지 계속됐다. 로마교황령과 북부의 베네토를 제외한 이탈리아 전역에 1월 총선거가 실시되어 최초로 이탈리아 국회가 토리노에서 열렸다.

그 해 3월 14일 사르디니아 왕국의 엠마뉴엘레 2세가 정식으로 이탈리아 국왕의 칭호를 사용하게 되었으며, 이때부터 토리노를 수도로 삼은 이탈리아 왕국은 영국식 입헌군주정을 실시하게 됐다.

2. 적십자운동의 시작

1) 초기부터 1914년까지

역사적인 날

앙리 뒤낭은 1828년 5월 8일 제네바에서 태어났다. 그의 성장배경은 성격에 크게 영향을 끼쳐서 그는 어려운 사람들을 돕는 사회사업에 관심을 갖게 되었다.

사업가였던 앙리 뒤낭은 알제리아에 제분소를 지을 계획으로 1859년 6월 24일 이탈리아 북부 솔페리노에 가게 되었다. 바로 그날, 오스트리아 군은 프랑스와 피에몬테(Piedmonte) 군과 전투를 벌였다. 그날 저녁 싸움터에는 4만 명이 넘는 사상자들이 쓰러져 있었다.

그 당시 군 의료활동은 사실상 전무에 가까웠으며 승리한 편이라 해도 붕대는 8천 개밖에 없었다. 의사와 간호사도 으레 전투원으로 간주했기 때문에 쉽게 부상을 입거나 포로가 되었다.

앙리 뒤낭은 부상자들을 국적이나 소속에 상관없이 도움의 손길을

앙리 뒤낭의 《솔페리노의 회상》 초판본.

필요로 하는 고통받는 사람들로 간주, 이웃 주민들의 도움을 얻어 이들을 돌보았다.

세상을 뒤흔든 '회상'

스위스로 돌아온 앙리 뒤낭은 한 가지 생각, 솔페리노에서 목도한 그 참상이 다시 일어나서는 안 된다는 생각을 구상하는 데 온 힘을 기울여 3년 후인 1862년 자비로 '솔페리노의 회상(A Memory of Solferino)'이라는 책을 출간했다. 이 책은 큰 파문을 일으켜 중대한 결과를 가져왔다.

적십자의 기원(起源)과 발전

제네바에서 뒤낭은 자신의 인도주의적인 시도에 대한 호의적인 분위기를 느꼈다. 젊은 변호사 귀스따브 므와니에(Gustave Moynier)가 회장으로 있는 제네바공익협회(Société genevoise d'utilité publique)는 뒤낭의 설명과 제안에 즉각적인 관심을 나타냈다.

뒤낭을 비롯하여 기윰-앙리 뒤푸르(Guillaume-Henri Dufour), 루이 아삐아(Louis Appia), 떼오도르 모느와르(Theodore Maunoir) 등 세 명의 제네바인들과 함께 므와니에는 즉시 부상자 구호를 위한 국제위원회를 설립했으며, 이 위원회가 후에 국제적십자위원회(International Committee of the Red Cross)가 되었다. 이 위원회는 곧 담대한 조치를 취했는데 비록 민간기구임에도 불구하고 정부 대표들의 회의를 소집함으로써 국제적인 무대에 진입했던 것이다.

1863년 10월 26일부터 29일까지 의사, 공무원 등 16개국의 비공식적인 대표들이 제네바에 모여 제네바위원회(Geneva Committee)의 결의

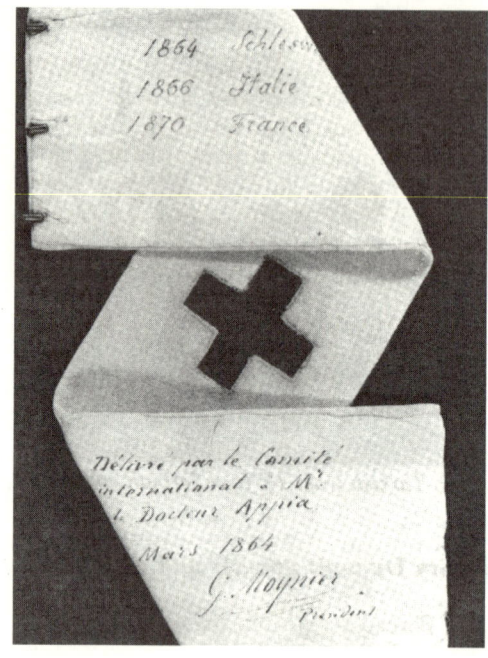

1864년 프러시아와 덴마크의 전쟁터에서 활약한 루이 아뻬아 박사가 사용한 최초의 적십자 완장. 제네바에 있는 국제적십자 박물관 소장.

사항들을 승인할 것에 동의했다. 즉 각국은 군대의 의무부대 활동을 보조할 관련 협회를 자국에 설립할 것을 결정했던 것이다. 나중에 부상자들과 이들을 돌보는 데 필요한 사람들의 중립성이 외교적으로 다루어졌다. 구호요원들과 이들이 사용하는 의료장비들은 흰 바탕에 붉은 십자 표지로 보호되도록 했다.

얼마 안 가서 이 적십자 표지가 전쟁터에 나타났다. 1864년 2월 프러시아와 덴마크 간에 전쟁이 일어나자 위원회는 루이 아뻬아 박사를 그곳으로 보내 프러시아 군대와 일하도록 했다. 적십자 완장은 어느 곳에든 그의 출입을 보장해주었다. 그러나 1863년 국제회의 결과로 생겨난 전상자 구호위원회는 전쟁터, 특히 독일에서 많은 어려움에

1864년 제네바협약이 제정될 당시의 장면을 프랑스 화가가 그린 그림. 제네바 시청 알라바마 홀 (Alabama Hall)에 걸려 있으며, 그 방은 당시 모습 그대로 보존되고 있다.

봉착했다. 오직 국가를 대신하여 약속을 할 권한을 부여받은 전권대사의 회의만이 이 문제를 해결할 수 있었다.

1864년 8월 스위스 정부는 ICRC의 제안에 따라 제네바에서 외교회의(Diplomatic Conference)를 소집했으며, 12개국 정부가 대표를 파견했다. 이들 12개국 정부 대표는 8월 22일 '육전에서의 부상자의 상태 개선을 위한 제네바협약(Geneva Convention for the amelioration of the condition of the wounded in armies in the field)'에 서명했으며 이어서 다른 정부들도 조인했다. 최초의 제네바협약은 인류 역사에 중요한 연대를 기록했다. 그때까지 전쟁과 법은 대립된 개념이라고 간주되어 왔으나 제네바협약은 비록 전쟁중에라도 법은 적용될 수 있으며

적십자 5인위원회의 면모. 가운데가 앙리 뒤낭. 왼쪽위 레오도르 모노아(의사), 오른쪽 위 기욤므 뒤프르(장군), 왼쪽 아래 귀스따브 므와니에(법률가), 오른쪽 아래 루이 아뻬아(의사).

전투원들에게 어떤 인도주의적인 규율을 부과할 수 있다는 것을 보여주었다.

제네바협약이 조인된 이후 적십자는 전쟁터에서의 활동을 자주 요청받았다. 또한 각국 적십자사 대표들과 ICRC, 제네바협약 체약 당사국 정부 대표들이 참가하는 회의가 정기적으로 개최되었다. 회의의 목적은 경험에 비추어서 새로운 국제적인 규정의 채택을 제안하기 위한 것이었다. 1867년 파리에서 개최된 회의가 그 시초였으며, 이어서 베를린(1869), 제네바(1884), 칼스루헤(1887), 로마(1892), 비엔나(1897), 성 페테르스부르크(1902)에서 개최되었다.

적십자의 창설자들은 각국 적십자사 설립을 촉진하는 일에 힘썼다. 이들은 처음 10년 간 22개의 적십자사의 설립을 도왔으며 러시아와 터키를 포함한 유럽 전체가 1864년도 제네바협약에 가입했다. 1876년 러시아와 전쟁중이던 터키는 구급차에 적십자 대신 적신월 표장을 받아들였음을 제네바협약 수탁자인 스위스 정부에 통보했다. 나중에 대부분의 회교 국가들이 이 선례를 따랐다.

앙리 뒤낭 : 가난과 위대함

1867년 파산한 다음 강제 추방된 앙리 뒤낭은 프랑스와 독일, 영국을 떠돌아다니다가 때때로 좋은 아이디어가 떠오르면 제네바에 나타나곤 했다. 그가 내놓은 아이디어는 적십자에 유익한 결과를 가져다 주었다.

1886년 뒤낭은 스위스의 아펜젤(Appenzell)주에 있는 양로원에 들어갔다.

1901년 노르웨이 의회는 뒤낭의 공적을 기리기 위해 노벨 평화상을 수여했다. 이로써 뒤낭은 유랑생활과 가난을 뒤로 하고 다시 한번 위대한 적십자인이 되었다. 그의 생일인 5월 8일이 세계적십자의 날로 결정된 것은 너무나 당연한 일이었다.

앙리 뒤낭과 귀스따브 므와니에 두 사람 다 1910년에 세상을 떠났다. 므와니에는 국제적십자위원회 총재를 40년 동안 하면서 언제나 사람들의 눈에서 사라진 적이 없었으나, 뒤낭은 그 시대 사람들에게 완전히 잊혀진 채 살았다.

2) 제1차 세계대전중의 적십자

1866년 오스트리아와 프로이센의 전쟁, 1870~71년의 프랑스와 프로이센의 전쟁, 1873~74년의 스페인 내란, 러시아와 터키의 전쟁(1877), 스페인과 미국의 전쟁(1898), 러시아와 일본의 전쟁(1904), 이탈리아와 터키의 전쟁과 발칸전쟁(1912) 등 1864년부터 1914년 사이에 일어난 여러 분쟁 한가운데 인간이 고통에 처한 곳이면 어디에든지 적십자가 있었다.

제1차 세계대전중 적십자가 해야 할 활동의 규모는 지금까지의 그 어느 분쟁과도 비교할 수 없이 컸다. 모든 분쟁 당사국의 적십자사들은 병원을 짓고 구급차를 운영하는 등 적극적으로 부상병 구호에 나섰다.

국제적십자위원회의 활동 역시 크게 확대되었다. 특히 중앙심인국(Central Tracing Agency)이 제네바에 문을 열면서 더욱 일이 많아져 심인국에서만 200여 명의 봉사원들이 일하기 시작했다. 심인국은 분쟁 당사국들로부터 부상병들과 이들이 억류하고 있는 포로들의 명단을

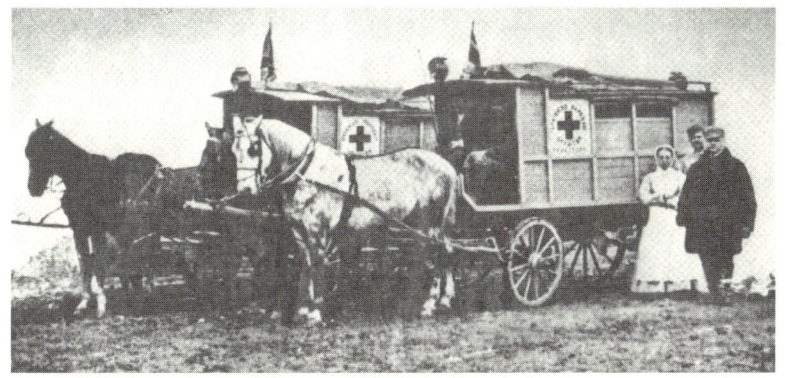
1876년 세르비아와 터키의 전쟁터에 등장한 세르비아의 앰뷸런스.

받아 해당국 정부에 통보해주었다. 나중에 포로들은 심인국의 도움으로 가족들과 서신을 교환할 수 있었으며 심인국은 이렇게 교환되는 수많은 편지를 접수하여 점검한 후 발송하는 책임을 맡았다.

ICRC 대표들은 포로수용소를 방문해 작성한 비공개 보고서에서 억류상태의 개선을 요구하기도 했다. 포로들에게 전달된 소포만 해도 200만 개가 넘었으며, 이 엄청난 양의 소포와 그밖의 구호물자 수송을 위해 ICRC가 동원한 화차는 2천 량에 달했다. 제1차 세계대전 기간(1914~1918) 중 사로잡혔거나 실종된 군인들에 대한 소식을 얻기 위해 중앙심인국을 찾아온 사람은 12만 명이며, 서신교환을 주선하면서 작성된 카드는 500만 장에 달했다.

3) 제1차 세계대전과 제2차 세계대전 사이

전쟁터에서 태어난 적십자의 목적은 부상병들의 상태를 개선하는 것이었다. 그러므로 처음에는 평화시 적십자의 활동은 전시 구호활동을 위한 준비에 국한한다고 여겼다. 그러나 고통을 경감한다는 적십자의 아이디어는 근본적으로 평화의 개념과 연결된다는 것이 점차 분명해졌다.

1918년 각국 적십자사는 새로운 활동, 즉 평화시에 수행되는 사회복지와 건강증진을 목표로 한 활동에 전념했다. 공공당국의 보조자로서 활동을 계속하는 한편 그밖에 사회에 유익한 분야에서 관계당국을 지원했다. 따라서 적십자는 병원 개설, 간호사 양성, 아동간호나 기초보건 같은 일반 대중을 대상으로 한 과정을 마련하고 운영하는 데 중요한 역할을 했다. 뿐만 아니라 노인이나 장애자들을 돌보고, 구급차나 산악구조, 응급처치 등의 분야에서 선구자적인 역할을 했다.

각국 적십자사는 거의 무진장의 봉사원들과 풍부한 형제애에 의존할 수 있었다. 적십자사들은 적십자 활동에 청소년들의 참여를 유도하고 동시에 내일의 적십자 지도자들을 양성하기 위하여 초기부터 청소년부를 설치했다.

잘 짜여진 조직에다 세계대전중 많은 경험까지 얻은 각국 적십자사들은 기아자와 실향민, 특히 동유럽 사람들을 위한 대규모의 구호활동을 전개하면서 계속 성장해갔다.

그 당시에는 보건부를 두고 있는 나라가 별로 없었을 뿐 아니라 주요 구호활동을 조정할 수 있는 국제기구도 없었다. 극심한 고통을 줄여보자는 욕구는 자연스럽게 국제적으로 평화의 이념을 낳게 했다. 이것이 미국 적십자사의 전쟁위원회 의장인 헨리 데이비슨(Henry Pomeroy Davison)이 프랑스와 영국, 일본, 이탈리아, 미국 적십자사에게 자연재해 피해자들을 위한 구호활동과 공중보건활동을 증진하는 데 막대한 자원을 쓸 것을 제안한 동기이기도 한다.

그 결과 적십자사연맹이 탄생되었다. 처음에는 본부를 파리에 두었다가 1939년 제네바로 옮겨 오늘날에 이르고 있다. 연맹은 각국 적십자사의 연합체로서 언제, 또한 어느 형태로든지 회원사의 인도주의 활동을 지도하고 장려하며 지원하는 역할을 부여받고 있다. 연맹의 탄생과 적십자활동 영역의 확대는 새로운 구조와 법적 근거를 요하게 되었다. 이것은 1928년 헤이그에서 개최된 제13차 국제적십자회의에서 국제적십자 정관이 채택되면서 해결되었다. 이 정관은 그 후 정기적으로 개정, 보완되었다.

이렇듯 적십자의 평화시 활동에 대한 새로운 방침은 전쟁 희생자들에 대한 ICRC의 계속되는 활동에 어떤 영향도 미치지 않았다. 제1차 세계대전중 ICRC가 얻은 경험은 장래를 위해 기록해두어야 했다. ICRC는 전쟁포로의 지위나 상태를 규정하는 국제적인 협약을 준비했고, 1929년 제네바에서 만난 열강에 의해 '포로의 대우에 관한 제네바협약'이 채택되었다.

제1차 세계대전은 민간인 피억류자들의 보호가 절실히 필요하다는 것을 보여주었다. 이에 따라 ICRC는 규정 초안을 입안하여 1934년 도쿄에서 개최된 제15차 국제적십자회의의 승인을 받았다. 도쿄 초안은 1940년에 개최될 외교회의에 제출될 예정이었으나 1939년 전쟁이 터지면서 회의 계획이 무산되고 말았다.

에티오피아 전쟁과 스페인 내전중 많은 인명을 구하는 과정에서 ICRC 대표들은 위험한 업무를 수행해야 할 때도 많았다. 스페인의 동족상잔의 현장, 특히 잔혹한 전투현장에서 ICRC 대표들은 자주 극적인 조건하에서 포로들과 민간인들의 교환을 성사시켰다.

4) 제2차 세계대전

제2차 세계대전은 제1차 세계대전보다 훨씬 힘든 업무를 국제적십자에 부과했다. ICRC는 매일 부상자와 환자, 전쟁포로 등 희생자들의 운명을 개선하고 보복을 피하도록 했으며, 안전하고 위생적인 장소에 수용소를 설치하는 일에 개입하는 한편, 계속해서 포로수용소를 방문했다. 이렇게 힘들고 위험한 일에 종사하면서 180명의 ICRC 대표 중 약 10명이 목숨을 잃고 말았다.

때로는 하루에 4만 건 이상의 심인 의뢰가 쏟아져 들어온 중앙심인국에서는 4,000명이 넘는 사람들이 일했으며, 전쟁중인 국가간의 민간인 우편업무로는 1,000만 건 이상을 처리했다. 수송업무 또한 엄청났다. 비행기와 기차, 배 등이 동원되었으며, 그 어느 경우에나 적십자 기를 걸어 적십자 물품임을 나타냈다. ICRC가 독일에 억류되어 있는 군사요원들에게 실어 보낸 소포만 해도 3,300만 개에 달했다.

앞에서 언급한 바와 같이 ICRC는 분쟁시 민간인 피억류자 보호규정 초안을 제15차 국제적십자회의(도쿄, 1934)에 제출했으며 1940년에 열릴 예정이던 외교회의가 이 초안을 채택하기로 되어 있었다. 이 초안은 포로에 관한 1929년 규정을 피점령지의 민간인에게도 확대하는 안이었으나 1939년 전쟁 발발로 진전을 보지 못했다.

하지만 전쟁 초 ICRC는 1929년 협약 규정을 충돌 당사국 영토 내에서 체포된 적측 국적을 가진 민간인들에게까지 확대하도록 했다. 이것은 1939년 선전포고시 프랑스 영토 내에 살고 있다가 억류된 독일인들과 독일에 살고 있다가 억류된 프랑스 사람들의 경우이다. 그러나 이러한 형태의 보호는 전쟁 초기에 폴란드에서의 경우처럼 피점령지에 있던 적측의 민간인들에게는 불행하게도 적용되지 않았다. 따라

세계 제2차대전 모습.

서 나치수용소에 있던 사람들은 아무런 보호를 받을 수 없었다.
　여러 해 동안의 노력에도 불구하고 ICRC가 독일 내의 강제수용소에 가까이 접근할 수 있었던 것은 전쟁 막바지에 이르러서였다. ICRC는 철로변을 따라서 도망자들을 위한 급식활동을 펼쳐 수천 명의 생명을 구할 수 있었다. 이에 앞서 수천 명의 수감자 명단을 구해 음식 꾸러미를 이들에게 전달할 수 있었다.
　수많은 무고한 사람들의 비극적인 희생은 세계인들의 의식을 깊이 움직였으며, 적대행위가 종료되자 ICRC는 제네바협약 개정안을 각국 정부에 제출했다.
　1939년부터 1945년까지의 민간인 피억류자들의 비극적인 상태와 ICRC가 이들을 정말로 도울 수 없었다는 사실 자체가 제안 설명이 되었다.

'국제법의 위반을 어떻게 처벌할 것인가' 하는 것은 언제나 문제이다. 개개인이 지키고 그 결과에 승복해야 하는 국내법과 달리 국제법은 각 국가가 지킬 의무를 지니고 위반시 처벌할 어떤 초국가적 힘이 뒷받침되고 있지 않고 있다. 물론 국제조약 체약 당사국은 그 법의 규정을 준수할 책임이 있지만 지키지 않을 경우 적절한 처벌방도가 없다. 따라서 보통 경제제재 조치를 취하고 있다.

국제법의 한 분야인 국제인도법도 마찬가지다. 국제인도법을 준수하고 준수를 보장하는 것은 어디까지나 국가에 달려 있다. 만약 어떤 국가가 위반했을 경우 ICRC가 주의를 주는 것 외에 할 수 있는 일이 없다. ICRC는 국가를 재판할 수 없다. 그것은 분쟁시 ICRC의 역할이 아니며, 이 역할을 행사하려고 하지도 않는다. 제네바협약의 주창자로서 ICRC는 단지 인도법 위반에 다른 나라들의 관심을 촉구할 따름이다.

앞에서도 언급했듯이 제2차 세계대전중 ICRC가 겪었던 어려움은 분명하다. 오늘날에 비해 인적 물적 자원이 부족했으며, 개입할 수 있는 법적 근거도 약했다. 단지 3개의 협약만 효력이 있어 민간인들은 보호를 받을 수 없었다. 유럽은 완전히 폭력에 휘둘리고 말았다.

5) 제2차 세계대전 이후

제2차 세계대전이 끝난 이래 공업국이든 제3세계든 간에 각국 적십자사는 활동영역을 넓혀 나가기 시작했다. 공업국의 경우 마약과 실업, 범죄 같은 사회현상이 두드러지게 나타났으며, 제3세계에서는 거의 해결할 길이 없는 경제문제와 인구문제에 매달리지 않을 수 없었다. 제3세계에서 보건과 복지 향상에 대한 욕구를 충족시키기 위해서 전개한 활동은 아동질병 예방과 기초보건교육, 집단방역활동에서부터 안전한 물 공급, 의료 및 사회복지 요원 양성에 이르기까지 거의 전영역이 포함되었다.

1980년대에 들어서면서 난민과 망명인들의 유입 또한 인도주의 단체에 또 하나의 짐을 안겨주었다. 가장 시급한 욕구를 충족시키기 위해 적십자운동 전체가 동원되지 않을 수 없었다. 각국 적십자사는 많은 경우 이들 실향민들이나 난민들의 중간 기착지나 최종 정착지에서 물질적인 지원과 사회복지 서비스를 맡아서 했다.

자연재해 이재민을 지원하는 것 외에 각국 적십자사는 혈액사업 부문에서 중요한 역할을 했다. 많은 나라의 관계당국이 적십자사에 혈액사업을 완전히 위탁하게 되었다. 여러 나라에서 문제가 있기는 해도 거의 모든 곳에서 적십자사는 헌혈자를 모집하는 데 절대적인 역할을 하고 있다.

또다시 ICRC는 제2차 대전중 얻은 경험을 전시에 민간인 보호에 관한 협약 초안을 마련하는 데 활용했다. 만약 이러한 장치가 1939년에 있었다면 죽음과 절망으로부터 수백만 명을 구해낼 수 있었을 것이다. 1949년 4월 제네바에서 외교회의가 개최되었다. 같은 해 8월 12일 외교회의는 ICRC가 마련한 초안에 근거, '무력충돌 희생자 보호에 관한 제네바4개협약'을 채택했다. ICRC는 각국 적십자사의 지원으로 각국 정부가 1949년 제네바협약을 받아들이도록 납득시킬 수 있었다. 결과적으로 현재 세계의 거의 모든 국가가 가입되어 있다.

그러는 동안에 게릴라 전술이 일반화된 민족해방전쟁 같은 새로운 양상의 분쟁이 발발하고 핵무기가 개발되었다. 이에 따라 현재의 법으로는 충분히 다룰 수 없다고 판단한 ICRC는 쇄신을 건의했다. 1957년 국제적십자회의(뉴델리)에서 토의되기에 앞서 ICRC는 무차별 전쟁으로부터 민간인을 보호하기 위한 법률 초안을 각국 정부와 적십자사에 보냈다. 그러나 그 당시 세계는 냉전의 한가운데 있었다. 따라서 이 법률 초안에 대한 반응은 간단하지 않았다. 국제적십자회의는 이 건을 정부측에 보냈지만 정부들은 대체적으로 무시했다. 그럼에도 불구하고 ICRC는 민간인들과 군인들이 현대전의 영향으로부터 보호되어야 한다는 것을 끈질기게 주장했다. 그렇지만 핵무기 문제에 대한 토의는 정치기구가 하도록 두었다.

1968년 테헤란에서 개최된 유엔 인권회의는 사무총장에게 국제인도법의 범위를 확대하는 방안을 검토할 것을 요청함으로써 이 건에 활기를 불어 넣었다. ICRC는 외교회의를 보다 원활하게 하기 위하여 일련의 정부측 법률고문들의 회의를 개최했다. 1974년에 시작하여 1977년 6월에 끝난 외교회의는 두 개의 '제네바협약 추가의정서'를 채택했다. 제1의정서는 국제적 무력충돌을 다루고, 제2의정서는 비국제적 무력충돌을 다루고 있다. 이 두 의정서 본문은 국제인도법의 개념과 현재 안고 있는 문제 등 처음으로 제3세계의 소리를 반영한 셈이다.

3. 앙리 뒤낭 (1828~1910)

적십자의 창시자 장 앙리 뒤낭은 1828년 5월 8일 스위스의 제네바에서 태어났다. 실업가인 그의 아버지는 저명인사로서 자산가였다. 그의 어머니는 침착하고 신앙심이 깊은 여인이었으며 첫 아이의 조기 교육에 특별한 관심을 기울였다.

청년기에 접어든 뒤낭은 자기 가문의 사회적, 경제적 지위에서 오는 혜택을 마음껏 누렸다. 동시에 책임감 있는 스위스 국민의 아들이면 누구나 경험하는 훈련도 받았다. 칼빈주의적인 제네바의 분위기 또한 그의 성장발달에 중대한 영향을 끼쳐 일찍이 깊은 신앙적인 자각과 높은 도덕적인 행동원리를 몸에 익혔다.

성년이 되자 뒤낭은 여러 가지 운동에 참여하는 것과 자선적이고 종교적인 활동에 관여하는 데서 자신의 에너지의 출구를 찾았다. 그는 한때는 당시 유럽의 여러 지역에서 상당히 활발하게 움직였던 크리스찬과 유태인 연합운동에 적극 참여하였다. 그는 가난하고 병들고 고통받는 사람들에게 정신적 위안과 물질적 도움을 주는 것을 목적으

앙리 뒤낭의 생전 모습.

로 하는 제네바의 자선연맹의 회원이 되었으며, 시 형무소를 정기적으로 방문하여 범법자를 교정(矯正)하는 일에도 힘썼다.

그러나 30세가 되기까지는 스위스와 프랑스, 벨지움에서 활동하고 있는 기독청년연맹(The Young Men's Christian Union)이라는 단체에 깊은 관심을 보였다. 이와 같은 성격의 단체로 영국에 새로 결성된 것이 YMCA(Young Men's Christian Association)였다. 1853년 초 이런 연맹들을 하나로 묶으려는 운동이 시작되었다. 뒤낭은 범위를 더욱 넓혀 YMCA를 포함하는 세계연맹(World Union)을 구성하자는 대안을 내놓으며 그 계획에 꾸준히 반대하였다. 뒤낭의 이러한 주장은 1855

만국동맹 창설자와 함께 한 앙리 뒤낭.

년 파리에서 개최된 제1차 YMCA 세계총회에서 마침내 결실을 보았다.

뒤낭은 이러한 운동에 헌신적이었지만 그 일에만 전적으로 매달린 것은 아니었다. 그는 사업가로서의 기초를 쌓는 일도 게을리하지 않았다. 1849년 은행업무를 배우기 위하여 제네바에 있는 은행에서 견습생활을 하였다. 1853년 알제리아에 있는 자기 회사의 자회사(Colonies Suisse de Setif)의 총지배인으로 발령받았다. 나중에 그는 그 회사를 그만두고 독자적으로 사업을 시작하였다. 활동적인 청년 뒤낭은 사업가로서 성공할 것 같았으며 상당한 재산도 획득하는 듯했다.

1859년 6월 솔페리노에서 전투가 벌어지던 바로 그날, 뒤낭이 사업차 여행중 우연히 그 부근 까스틸료네에 도착했을 때였다. 군 의료활동이 형편없었던 당시 마을 전체에 가득 찬 부상자를 보고 이들의 고통을 덜어주는 일을 하는 것은 뒤낭에게는 아주 자연스러운 것이었다. 그의 성격상, 관습상, 또 그가 받은 교육이나 훈련에 비추어 그렇게 하는 것이 당연하였다. 이곳에서의 경험은 그의 인생의 방향을 완전히 바꾸어놓고 말았다. 그때부터 뒤낭은 앞으로 일어날 전쟁에서 어떻게 해서든지 이러한 고통을 막거나 적어도 경감시킬 수 있는 방법을 모색해갔기 때문에 사업과 그밖의 관심사는 2차적인 것이 되고 말았다.

《솔페리노의 회상》의 출간은 뒤낭의 생애의 절정을 기록하고 있다. 전쟁시 부상자의 치료를 돕도록 훈련된 봉사원 조직을 모든 나라에 두자는 그의 제안은 많은 사람들의 적극적인 찬동을 받았으며, 부상자에 대한 보다 인간적인 대우를 보장하기 위한 국제적 협약의 개념은 집중적인 관심을 불러일으켰다.

뒤낭은 유럽 여러 나라의 수도를 두루 여행하였다. 어디서나 그는 환영을 받았으며 많은 유럽 인사들과 직접 만나 이야기할 수 있었다. 황족이나 평민이나 모두 뒤낭의 말에 귀를 기울였으며 뒤낭의 주장의 실현 가능성을 의문시하는 사람일지라도 귀를 기울였다. 이것은 이 젊은 청년에게는 일개의 무명인으로 일약 전 유럽의 양심을 뒤흔들고 감동시킨 유쾌한 경험이었다.

1863년과 1864년 절정에 달했던 뒤낭의 행운은 곧 기울기 시작했다. 그를 지원하기 위해 사람들이 모이기 시작했으며, 이어서 위원회가 조직되고 회의가 열렸다. 그러나 그의 꿈이 현실로 탈

앙리 뒤낭의 생가.

바꿈하는 동안 이상을 쫓는 사람인 뒤낭은 점차 밀려나고 좀더 실제적인 사람들이 일을 맡기 시작했다.

1865년과 1866년 뒤낭은 자기의 제안이 가져온 이 운동에서 멀어져 갔다. 그의 수줍음과 망설임도 원인이 되었을 것이다. 글과 대화에서는 그토록 설득력 있고 달변이던 이 청년은 이상할 정도로 말이 없어졌고, 모임이나 회의에서 발언하는 일도 별로 없었다.

1867년은 뒤낭에게 그 어느 해보다 비극적인 해였다. 오랫동안 방치해두었던 회사를 정리하지 않을 수 없었던 그는 자신이 가진 모든 것을 채권자들에게 내주었다. 그러고 나서 뒤낭은 제네바를 떠나고 말았다. 그 당시 뒤낭의 나이는 39세였다.

그 후 20년은 뒤낭에게 정말로 어려운 시절이었다. 그는 친구들이 조금씩 보내주는 돈과 가족들한테서 받는 얼마 안 되는 돈으로 불안하게 살았다. 가난과 궁핍이 계속 그를 따랐다. 이따금 프랑스나 독일, 이탈리아, 영국 등지에서 적십자의 창설이나 또는 그밖의 다른 계획과 관련된 공로로 대중 앞에 잠깐씩 다시 나타나곤 하였다. 그러나 대부분의 시간을 남의 눈에 띄지 않게 살았다.

1887년 7월 어느 날 스위스의 하이덴이라는 조그만 마을에 어떤 노인이 홀연히 나타났다. 그 고장 사람들은 그가 뒤낭이라는 것을 바로 알았다. 비록 59세밖에 안 되었지만 낙심과 궁핍에 가득 찬 지난 20년이라는 세월이 그를 완전히 노인으로 만들고 말았다. 이웃 사람들은 곧 그의 친구가 되었으며 진정으로 그에게 존경을 표했다.

뒤낭은 그토록 이룩하려고 애썼던 운동의 진전 상황에 대해 얼마간은 관심을 갖고 있었다. 이따금 그가 아직 살아 있다는 것을 알고 있

앙리 뒤낭이 생애 말년을 보낸
하이덴 요양원과 방의 모습.

는 몇몇 친구와 옛 후원자들의 소식을 듣기도 했으며, 또 그들이 뒤낭을 찾기도 하였다. 1892년경 건강이 많이 나빠지고 기력이 약해지자 마침내 그 지방 병원으로 거처를 옮겨 세상을 떠나기까지 18년을 그곳에서 살았다.

1895년 하이덴 부근의 산맥을 탐험하던 젊은 기자가 뒤낭에 대해서 듣고 인터뷰를 청하였다. 며칠 후 이 세상에 그토록 많은 것을 준 뒤낭이 초라하기 짝이 없는 채로 아직 살아 있다는 것을 온 세계가 알게 되었다. 도움의 손길이 쏟아져 들어오기 시작했으며, 그의 위대한 업적에 대한 각계 각층의 찬사가 담긴 우편물이 사방에서 도착했다. 교황 레오 13세는 "주여, 당신의 권능으로 평화가 있게 하소서(Fiar pax in virtute tua Deus)"라고 써 있는 자신의 초상화에 친필로 서명을 해서 보냈다.

뒤낭은 인생 황혼기의 평온함 속에서 자신에게 부여된 영예를 감사히 여겼다. 그러나 소박한 하루하루는 자신이 기거하고 있는 하이덴 병원과 다정한 이웃들이 보살펴주는 것으로 충분하기 때문에 그밖의 도움은 필요하지 않다는 것을 분명히 했다.

마침내 최고의 영예가 그에게 돌아왔다. 1901년 노벨위원회는 최초의 평화상을 뒤낭과 프랑스인 빠시(Frédéric Passy)에게 공동으로 수여했다. 뒤낭은 노령으로 크리스티아나(Christiana)까지의 먼 길을 상을 받으러 갈 수가 없었다. 그의 옛 고향인 제네바에 있는 국제적십자위원회는 나중에 메달과 상금을 그에게 보내왔으며 다음과 같은 메시지를 보내왔다.

이러한 영광을 받을 사람은 귀하 외에는 없을 것입니다. 왜냐하면 40

년 전 전쟁터에서 부상자들을 구호하기 위한 국제기구를 만드는 것에 착수한 사람은 바로 귀하이기 때문입니다.

    귀하가 아니었다면 19세기에 있어서 최고의 인도주의의 성취인 적십자는 아마도 생겨나지 못했을 것입니다.

1910년 10월 30일 일요일 장 앙리 뒤낭은 그가 마음의 평화와 우정과 안식처를 찾았던 그 산 속에서 정다운 이웃들이 지켜보는 가운데 세상을 떠났다.

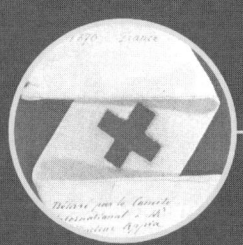

제2장
적십자 표장

1. 표장의 유래

1) 적십자 표장의 채택

1863년 6월 24일 솔페리노에서 전투 장면을 보고 앙리 뒤낭은 4만 명의 사상자들이 아무런 치료를 받지 못하고 버려져 있는 것은 군 의료활동의 엉성한 조직과 인적·물적 자원의 부족 때문이라고 생각했다. 그리고 군 의료요원이 전투원으로 간주되어 죽거나 부상 또는 생포되는 것을 피하기 위하여 전방에서 아주 멀리 떨어진 곳에 있다가 전투가 끝난 다음에야 활동에 착수했던 것도 문제라고 생각했다.

앙리 뒤낭은 이런 문제에 대해 두 가지 해결방안을 제시했다. 즉 모든 국가에 자발적 구호단체를 조직하여 평시에 잘 준비했다가 전시에 군 의료활동을 돕도록 하는 것이고, 또 한 가지는 의료요원들이 보다 효과적으로 활동할 수 있도록 이들을 중립으로 간주하자는 것이었다. 이렇게 하여 1863년 국제적십자가 탄생되고 1864년 최초의 제네바협약이 제정되면서 앙리 뒤낭의 모국인 스위스 기의 색깔을 반대로 하여 흰 바탕에 붉은 십자, 즉 적십자 표장이 군 의료활동을 보호하는

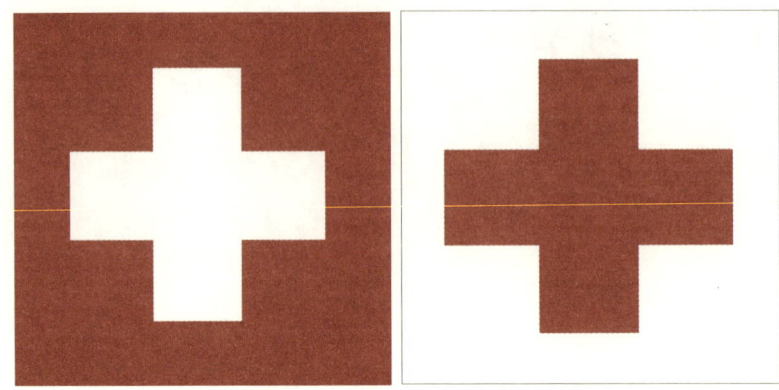

1864년 최초의 제네바협약이 제정되면서 앙리 뒤낭의 모국인 스위스 기의 색깔을 반대로 하여 흰 바탕에 붉은 십자, 즉 적십자 표장이 군 의료활동을 보호하는 보호표장으로 채택되었다.

보호표장으로 채택되었다.

적십자 표장이 채택되기 전에는 각국의 군 의무부대는 자체의 구분 표지를 갖고 있었다. 예를 들어 오스트리아는 흰색 기를 사용했으며, 프랑스는 붉은 기를, 스페인은 황색 기를 사용했다. 제각기 다른 기를 사용하는 것은 비극적인 결과를 가져왔다. 왜냐하면 병사들이 자국의 의무부대 표지는 알고 있더라도 상대방 나라의 의무부대 표지를 알 수 없었기 때문이다. 게다가 의무부대는 중립이 아니라 전투부대의 일부로 간주되었던 것이다. 그 결과 이 표지는 어떤 법적인 보호도 제공하지 못할 뿐 아니라 이 표지가 무엇을 상징하는지 모르는 적군의 공격목표가 되는 일이 많았다.

적신월 표장(왼쪽)과 적사자 태양(오른쪽).

2) 적신월 표장의 등장

1876년 발칸 제국(諸國)들이 전쟁에 휩싸였을 때 오토만인들에게 사로잡힌 의료요원들은 단지 적십자 완장을 둘렀다는 이유로 살해됐다. 이에 대한 해명을 요청받은 터키 당국자들은 회교 군인들이 십자(十字)에 특히 민감하다는 점을 설명하면서 자국의 적십자사와 의무부대는 적십자와 다른 표장인 적신월을 쓸 수 있도록 허용해줄 것을 요청했다. 이 요청은 서서히 회교국들간에 수용되다가 마침내 1929년 제네바협약에 공식적으로 채택되었다.

3) 적사자 태양

이와 같이 적십자와 적신월 두 가지 표장이 사용되다가 1929년 이란이 적십자나 적신월 대신 적사자 태양을 사용하겠다고 선언했다.

표장 다윗의 별.

이때부터 1980년 이란의 팔레비 왕정이 끝나고 호메이니 정권이 들어설 때까지 앞의 두 가지 표장에 적사자 태양까지 포함하여 세 가지 표장이 사용되었다.

이란 왕실을 청산하고 정통 이슬람 국가를 표방한 호메이니 정권은 1980년 9월 4일 적사자 태양은 이란 왕실 문장이므로 이것을 폐지하고 적신월을 사용하기 시작하여 오늘날까지 적십자와 적신월 두 가지가 공식적으로 사용되고 있다. 1949년도 제네바4개협약에는 아직 적사자 태양이 보호 표장에 포함되어 있다.

4) 다윗의 별

이란이 적사자 태양을 사용하자 이스라엘이 다윗의 별(Magen David Adom) 사용을 선언했다. 그러자 이란이 적사자 태양 사용을 선언할 때는 묵인하던 이슬람 국가들이 '복잡하다'는 이유로 일제히 이스라엘의 새 표장을 반대하고 나섰다. 그러나 이스라엘은 오늘날까지 50년 동안 그 주장을 굽히지 않고 다윗의 별을 표장으로 사용하고 있으며, 그 이유 때문에 국제적십자사연맹 회원국으로 가입하지 못하고 있다.

5) 제3의 표장

국제사회에서도 언제까지나 이 문제를 그대로 방치할 수 없는 형편이므로 제3의 표장 채택이 거론되기 시작되었다.

1997년 11월 스페인의 세비야에서 개최된 국제적십자 대표자회의에서 기존의 표장 대신 새롭게 적다이아몬드를 채택하자는 의견이 나왔다. 하지만 거의 140년 동안 전세계적으로 통용되던 기존의 표장을 없애고 표장을 새로 채택한다는 것은 무리라는 의견이 지배적이어서 보류되었던 이 문제에 대해 제3의 표장으로 두 가지 안이 제시되었는데 하나는 적다이아몬드이고 또 하나는 적세브론(수병의 갈매기 표시를 아래위로 표시)이다.

그러나 계속되는 팔레스타인 전쟁은 공정한 토의를 어렵게 하여 현재는 보류된 상태이다. 제3의 표장이 채택될 경우 이스라엘뿐 아니라 현재 적십자와 적신월 두 가지를 함께 사용하고 있는 중앙아시아의 카자크와 에리트리아가 그 적용을 받게 될 것이다.

1안→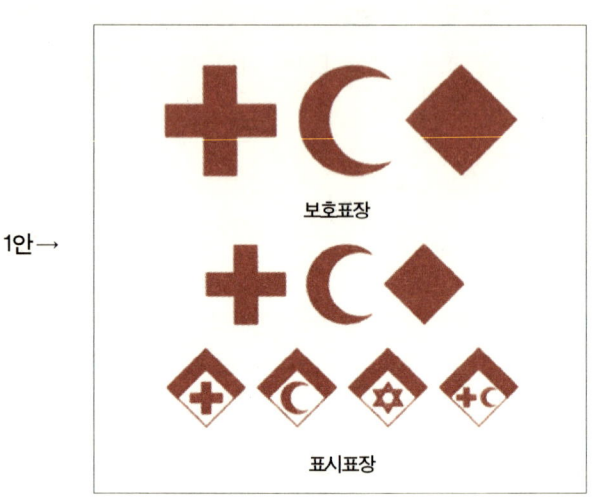

2안→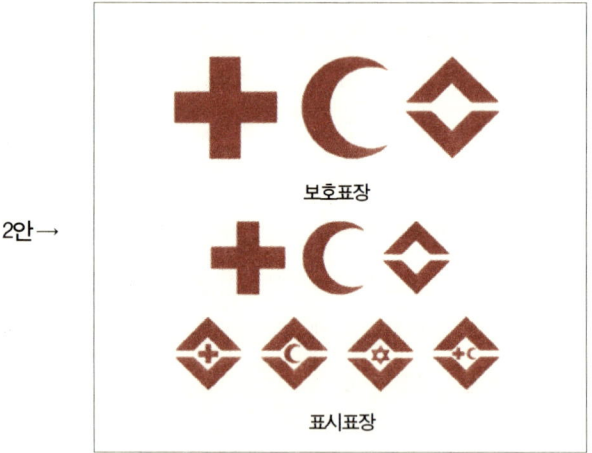

제3의 표장 채택을 위한 두 가지 안 : 적다이아몬드(위)와 아래의 적 세브론(수병의 갈매기 표시를 아래위로 표시).

2. 표장의 상징

　군 의료활동과 보조원의 중립성은 자연히 모든 국가에서 똑같이 사용되면서 국제조약으로 인정되는 독특한 표지를 만들어 이들을 식별하자는 생각을 낳게 했다. 따라서 표장은 그것을 본 군인의 마음속에 부상자와 이들을 돌보는 사람에 대한 존중을 연상케 하도록 만들어진 보호의 상징이다. 중립과 면제의 상징으로 표장은 국적, 인종, 종교, 계급, 견해의 차이에 관계없이 적군이건 아군이건 부상병들에게 공평한 도움을 제공해야 한다는 것을 나타내고 있다.
　각국 적십자사, ICRC, 연맹 등 적십자운동 구성체에 적십자라는 표장의 이름이 주어진 것은 훨씬 후의 일이다. 이것은 부상병을 돕는 일 외에 다른 활동도 한다는 아주 새로운 의미를 나타내고 있다. 이에 따라 오늘날은 표장의 본래의 목적인 보호 용도와 적십자 소속임을 나타내는 표시 용도로 표장 사용을 구분하고 있다.

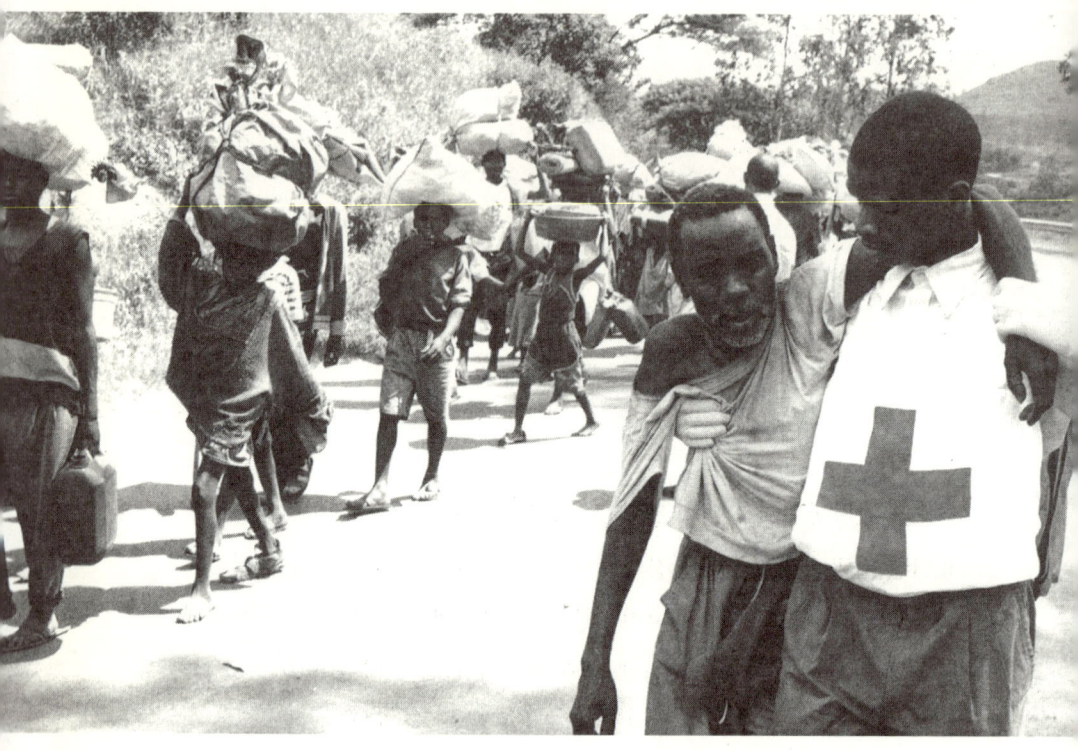

표장은 그것을 본 군인의 마음속에 부상자와 이들을 돌보는 사람에 대한 존중을 연상케 하도록 만들어진 보호의 상징이다.

3. 표장의 사용

적십자 표장은 제네바협약으로 부여된 보호의 가시적 표시로서 보호표장으로 사용되었을 때 그 근본기능을 다할 수 있다. 분쟁시 부상자를 돌보는 일에서 표장을 올바르게 사용하는 것은 매우 중요하며 표장의 남용은 그 의도가 아무리 순수하다 할지라도 표장 본래의 의미를 약화시키고 희생자에 대한 보호를 무력하게 만든다.

허가 없이 보호표장 사용 불가

전시 또는 그밖의 분쟁시 보호의 목적으로 적십자 표장이 사용되었을 때 이 표장은 절대적 의미를 지닌다. 이때 표장은 제네바협약이 정하는 보호 대상자와 물체를 나타내는 표지인 것이다. 따라서 이때는 표장의 크기가 크고 분명하게 눈에 띄어야 한다.

그러면 ICRC나 연맹 외에 누가 보호수단으로 적십자 표장을 사용할 권한을 갖는가.

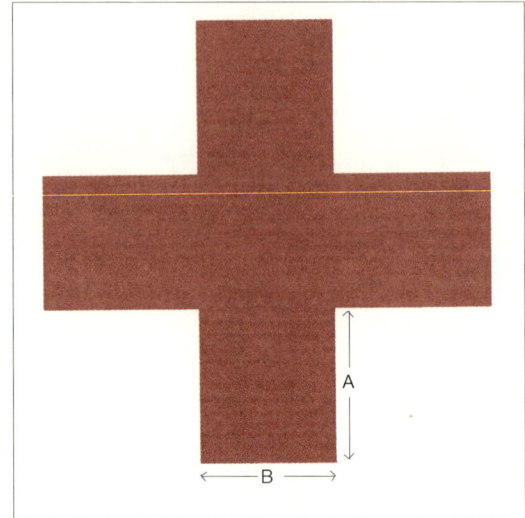

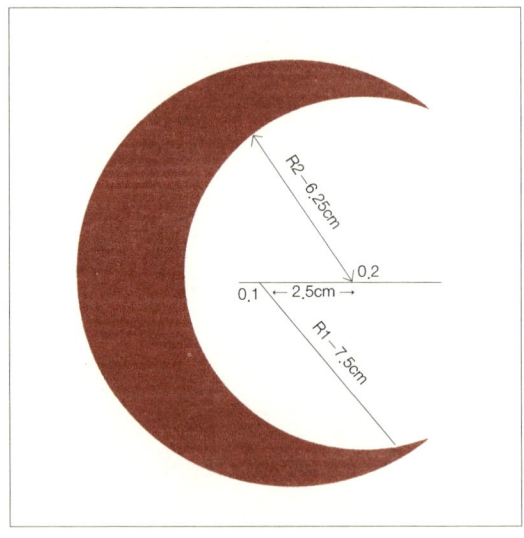

전시 또는 그밖의 분쟁시 보호의 목적으로 적십자 표장이 사용되었을 때 이 표장은 절대적 의미를 지닌다. 이때 표장은 제네바협약이 정하는 보호 대상자와 물체를 나타내는 표지인 것이다. 따라서 이때는 표장의 크기가 크고 분명하게 눈에 띄어야 한다.

표장은 원칙적으로 군 의료활동을 위한 식별표지이다. 이 표지는 구급차와 병원 같은 구조물과 시설뿐 아니라 군의관, 군목, 그밖의 차량 관련 요원 등을 식별하는 데 사용된다.

적십자는 본래 보호표장을 사용할 권리를 갖고 있지 않았다. 그 권한은 적십자인이나 적십자 시설 중 전시에 군 의료활동을 지원하고 있고 이들이 군법과 그 규정의 적용을 받아 보호를 받는 경우에 한한다.

국제인도법은 어떤 특정 지역에서 그 지역 관계 당국의 승인과 통제를 조건으로 적십자 표장을 보호의 수단으로 사용할 수 있게 했다.

적십자 표장이 무력충돌 가운데서 면제를 나타내 인도적 목적에만 사용되고 있는지를 확인할 임무를 군대에 부과할 필요가 있다. 따라서 관계당국의 통제와 승인 없이 적십자 표장이 보호수단으로 사용될 수는 없다. 올바른 표장사용의 보증자로서 관계당국은 표장 남용을 방지하고 처벌할 책임도 진다.

표시기장의 사용도 제한

군 의료활동 보조자로서의 역할과는 무관하게 새로운 분야에서 적십자 활동이 발전해감에 따라 적십자 표장은 보호의 의미와는 근본적으로 다른 또 하나의 의미를 갖게 되었다. 그것은 적십자운동과 관계된 사람과 시설임을 나타내는 것으로서 제네바협약으로 정한 보호받을 권리가 아닌 표시의 수단인 것이다.

표시기장은 ICRC와 연맹, 각국 적십자사만이 사용할 수 있다. 그러나 여기에는 어떤 제한이 따른다. 왜냐하면 제네바협약에 기장은

각국 적십자사는 표시기장 사용을 규정한 국내 입법과 1991년도에 제정된 국제적십자운동의 표장사용 규정에 따라 표장을 사용할 권한을 갖는다. 각국 적십자사는 적십자운동 기본원칙에 부합되는 활동에만 표장을 사용할 수 있다.

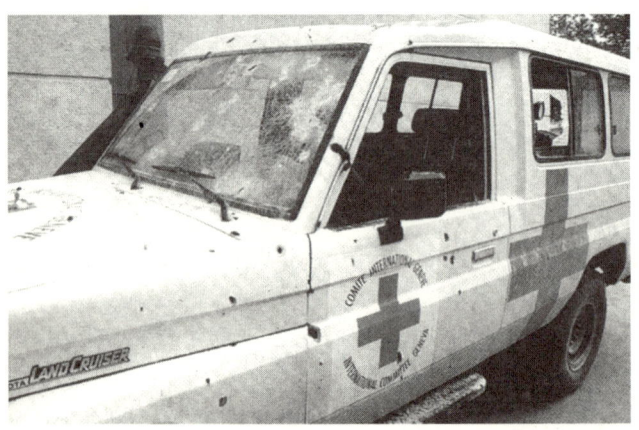

모든 형태의 인간 고통의 희생자를 자발적으로 돕는다는 적십자 기본 원칙에 따르는 활동에만 사용하도록 명시되어 있기 때문이다. 보호기장 사용과의 혼동을 피하기 위해 표시기장은 그 크기가 작아야 하며, 지붕에나 완장에는 사용하지 말아야 한다.

각국 적십자사는 표시기장 사용을 규정한 국내 입법과 1991년도에 제정된 국제적십자운동의 표장사용 규정에 따라 표장을 사용할 권한을 갖는다. 각국 적십자사는 적십자운동 기본원칙에 부합되는 활동에만 표장을 사용할 수 있는데 이는 고통받는 모든 사람들에게 자발적이고 공평한 도움을 제공하는 활동이어야 한다.

각국 적십자사는 자체의 행사나 또는 모금 캠페인을 지원하기 위해 적십자 표장 사용규칙 제24조 1항과 2항의 규정에 따라 적십자 표장을 표시기장으로 사용할 수 있다. 제3자(회사나 단체)가 그러한 행사나 캠페인과 제휴할 수 있으나 어디까지나 표장 사용규칙 제23조 3항과 제24조, 25조에 명시된 조건에 엄격하게 부합되어야 한다.

제3자가 운영하는 구급차와 응급처치소가 표시방법으로 표장을 나타낼 수 있으나 이 경우 평화시에 한하여 또한 국내법에 따라 적십자사가 명백하게 그러한 사용을 허가했고 또 응급처치소가 무료로 치료를 제공할 경우에 한한다.

4. 표장의 남용

　표장의 남용은 사용할 권리가 없는 사람이 사용하는 것뿐 아니라 백색이 아닌 바탕의 적십자처럼 유사표장 사용도 포함한다. 또한 표장을 사용할 권리를 가진 사람이 제네바협약에 따라 활동하지 않는 것도 포함한다. 마찬가지로 적색 바탕에 백십자인 스위스 기의 부당한 사용과 그와 유사한 표장의 사용도 두 표장간의 혼동을 초래할 수 있으므로 금지된다.
　'모방'이란 비슷한 색과 모양으로 적십자나 적신월 표장과 혼동할 수 있는 표장의 사용을 가리킨다.
　그릇된 사용에는 여러 가지 사례를 들 수 있다.
　우선 공인되지 않은 집단이나 개인(기업체, 민간기구, 개인, 개인병원, 의사, 약사 등)의 적십자 표장 사용이 그것이다. 의사나 진료소, 개인의원, 약국 등이 적십자 표장을 사용하는 것은 잘못된 것이다. 상업적인 용도로 적십자 표장을 사용하는 것 역시 금지되어 있다.
　또한 표장 사용이 허용된 사람이 적십자운동 기본원칙에 부합되지

적십자 표장으로 보호받는 군 의무부대 헬리콥터.

않는 목적에 표장을 사용한 경우, 예를 들어 표장을 사용할 권리를 받은 사람이 본연의 임무가 아닌 국경을 용이하게 건너기 위해 표장을 사용한다든지 적십자 본래의 의미와 상관없이 더하기 표지로 사용하는 경우도 잘못된 것이다.

중동전에서 화약고 지붕에 적십자를 표시한 경우나 무기수송 차량을 마치 부상병 수송차량인 양 적십자 표장으로 위장한 사례가 많았다. 이뿐 아니라 마약 밀수단이 마약포대를 적십자 구급낭이라고 위장한 경우도 있다. 적십자 보호기장의 사용은 제네바협약에서 엄격하게 규정하고 있으며 각국이 국내법으로도 그 사용을 규정하도록 되어 있다.

　우리 주변에도 군 의무부대나 적십자사와 전혀 상관이 없는 단체나 기관, 개인이 적십자 표장을 사용하고 있는 것을 흔히 볼 수 있다. 병원, 약국 등 보건 안전 부문에서 가장 많이 잘못된 사용을 볼 수 있으며, 얼마 전까지만 해도 호텔 변기에 위생구호와 함께 적십자 표장이 찍힌 종이 띠를 두르기도 했다.
　국제적십자위원회(ICRC)가 강력하게 시정을 요청한 것으로 판문점 내에서 일하는 근로자들이 적십자 완장을 두른 경우도 있다. 요즈음 젊은이들이 입는 티셔츠나 목걸이, 모자 들에서도 심심치 않게 적십자 표장을 발견할 수 있다.
　적십자 표장이 이렇게 함부로 사용되는 것을 방치할 경우, 특히 무력충돌시 정작 보호받아야 할 사람들이 제대로 보호받지 못하는 심각한 사태가 발생하기 때문에 그러한 남용은 매우 중대한 결과를 초래할 수 있다.

표장 남용의 경우 엄한 법적 조치가 따라야 한다. 폭력주의자가 적십자 표장을 폭약을 적재한 차량에 사용하는 경우 등 표장 남용은 표장을 합법적으로 사용하는 사람의 안전에 손상을 가져오며, 희생자와 국제인도법을 전반적으로 위태롭게 한다.

비록 남용의 결과로 인하여 비극적 상황이 즉각 오지는 않는다 할지라도 예를 들어 약국 표시로 사용하는 것처럼 상용 용도로 표시기장이 잘못 사용될 경우 국제적십자의 각 기구에 대한 잘못된 인식을 심어주어 표장에 대한 일반의 신뢰를 손상시키기 때문에 엄격하게 금해야 한다. 비록 여러 가지로 사용하는 것이 적십자 표장의 위신과 명성에 경의를 표하는 것처럼 보일지 모르나 표시기장의 남용은 표장이 갖는 보호력을 간접적으로 약화시킨다. 일단 표장이 지닌 권위를 상실할 경우 표장 남용이 서서히 사라지기를 기다리지 말고 당장 시정하는 것이 좋다.

표장남용 예방과 처벌에 관한 입법의무

제네바협약은 표장의 보호에 필요한 조치를 취할 것을 체약국 정부에 요구하고 있다. 이것은 각국이 표장 남용을 못하도록 고발, 기소하는 것을 의미한다. 각국 정부는 의사, 준의사, 제약회사, 약국 등 표장을 잘못 사용하기 쉬운 집단에게 바르게 알려야 한다.

모든 제네바협약 체약 당사국은 표장의 어떤 오용이나 남용도 예방하고 억제하는 조치를 취할 의무를 갖고 있으며 특히 적십자 표장의

표장의 남용 사례.

보호에 관한 입법조치를 해야 한다. 제네바협약과 추가의정서가 명백히 허용하지 않은 어떤 사용도 표장의 남용이 된다.

각국 적십자사는 표장 사용에 있어서 제네바협약으로 그 존중과 보장의무를 진 자국 정부와 직접적인 관심과 책임을 함께 하고 있기 때문에 관계 당국이 표장 존중을 보장하는 노력에 적십자사와 제휴하는 것은 당연하다. 따라서 각국 적십자사는 표장 남용을 계속 감시해야 하며, 남용이 계속될 경우 위반에 대한 책임을 진 관계당국에 이를 고발해야 한다.

적십자사가 표장을 올바르게 사용하고 자체의 어떤 남용도 중단시켜 모범을 보여야 함은 두말할 나위도 없다. 뿐만 아니라 오로지 표장 사용에 대해서 널리 알리는 것만이 남용을 효과적으로 줄일 수 있기 때문에 각국 적십자사는 위에서 언급된 집단 외에도 자체의 회원들과 일반대중을 상대로 교육을 실시해야 한다.

표장의 약사

1859 앙리 뒤낭은 솔페리노 전쟁터에서 수많은 부상병들이 아무런 치료도 받지 못하고 버려진 채 약탈자들의 표적이 되고 있는 것을 목격했다. 군 의료활동이 제대로 이뤄지지 못하고 있었는데 그 이유 중 하나는 분쟁 당사국들이 쉽게 식별할 수 있는 어떤 통일된 표장으로 구분되어 있지 않았기 때문이다.

1863 전쟁터에서 군 의무부대가 제기능을 발휘하지 못하는 문제를 해결하기 위해 제네바에서 국제회의가 열렸다. 이 회의에서 흰 바탕에 적십자 표지를 전상자 구호위원회의 표지로 채택했다. 전상자 구호위원회는 후에 적십자사로 이름이 바뀐다.

1864 최초의 제네바협약이 채택되면서 흰 바탕에 적십자 표지가 군 의료활동의 식별 표장으로 공식적으로 인정되었다.

1876 발칸반도에서 벌어진 러시아와 터키 간의 전쟁중 오토만제국은 적십자 대신 흰 바탕에 적신월(赤新月)을 사용하기로 결정했다. 그 후 대부분의 회교 국가들이 적십자 대신 적신월을 사용하기 시작했다.

1929 이란이 적십자 대신 흰 바탕에 적사자 태양을 택했다. 1876년부터 사용되던 적신월과 적사자 태양이 정식으로 제네바협약에 포함됐다.

1949 제네바4개협약이 채택되면서 제1협약 제38조로 흰 바탕에 적십자, 적신월, 적사자 태양이 군 의료활동을 위한 보호표장임을 인정했으며, 그밖의 다른 표장의 사용은 제외시켰다.

1980 이란이 적사자 태양의 사용을 포기하고 그 대신 적신월을 쓰기로 결정했다.

1982 국제적십자사연맹은 흰 바탕에 적십자와 적신월을 그 표장으로 채택했다.

적십자 조직법 중 표장사용 관련 규정

제25조(적십자 표장 등의 사용금지) 적십자사·군 의료기관 또는 적십자사로부터 그 사용 승인을 얻은 자가 아닌 자는 사업용 또는 선전용으로 백색질 희랍식(希臘式) 적십자 표장 또는 이와 유사한 표장을 사용하여서는 아니된다.

제26조(유사명칭의 사용금지) 적십자사·군 의료기관 또는 적십자사로부터 그 사용승인을 얻은 자가 아닌 자는 적십자, 제네바 적십자 또는 이와 유사한 명칭을 사용하여서는 아니된다.

제27조(감독 등) 1. 보건복지부장관은 적십자사의 사업목적 달성을 위하여 필요한 감독을 할 수 있다.
2. 보건복지부장관은 적십자사나 그 의결기관의 집행 또는 의결이 위법하거나 현저히 부당하다고 인정될 때에는 그 시정을 요구할 수 있다.

제6장 벌칙

제28조(벌칙) 제25조의 규정에 위반한 자는 100만 원 이하의 벌금에 처한다.

제29조(과태료) 1. 제26조의 규정에 위반한 자는 50만 원 이하의 과

태료에 처한다.

2. 제1항의 규정에 의한 과태료는 대통령령이 정하는 바에 의하여 보건복지부장관이 부과·징수한다.

3. 제2항의 규정에 의한 과태료 처분에 불복이 있는 자는 그 처분이 있음을 안 날로부터 30일 이내에 보건복지부장관에게 이의를 제기할 수 있다.

4. 제2항의 규정에 의한 과태료 처분을 받은 자가 제3항의 규정에 의하여 이의를 제기한 때에는 보건복지부장관은 지체없이 관할 법원에 그 사실을 통보하여야 하며, 그 통보를 받은 관할 법원은 비송사건절차법(非訟事件節次法)에 의한 과태료의 재판을 한다.

5. 제3항의 규정에 의한 기간 내에 이의를 제기하지 아니하고 과태료를 납부하지 아니한 때에는 국세체납 처분의 예에 의하여 이를 징수한다.

각국 적십자사의 적십자 표장 사용규정

REGULATIONS ON THE USE OF THE EMBLEM OF THE RED CROSS
OR THE RED CRESCENT BY THE NATIONAL SOCIETIES

제20차 국제적십자회의(비엔나, 1965)에서 채택

적십자 대표자회의(부다페스트, 1991)에서 개정

각국 적십자사의 적십자 표장 사용에 관한 규정

목 차

서 론

1. 본 규정의 목적
2. 법적 근거
3. 적용범위
4. 본 규정의 내용

제1장 총 칙

제1조 표장의 목적
제2조 적십자사의 권한
제3조 표장의 권위 및 존중
제4조 두 가지 사용법의 구분

제5조 표장의 도안
제6조 보호수단으로 사용되는 표장의 가시도
제7조 적십자사의 내부규정

제2장 표장의 보호적 사용

제1절 총 칙

제8조 당국의 동의와 표장사용을 통제하는 조건

제2절 사 람

제9조 적십자사의 의무요원

제3절 물 건

제10조 적십자사의 의무부대와 수송기관
제11조 표시에 관한 특별규칙
제12조 선택적 식별표지
제13조 평화시의 표시

제4절 특별규칙

제14조 보호수단 및 표시수단으로서 표장의 동시 사용
제15조 교전 당사자가 아닌 중립국 또는 기타 국가의 적십자사

제3장 표장의 표시적 사용

제1절 사 람

제16조 적십자사의 회원 및 직원
제17조 청소년적십자 단원
제18조 적십자사에 의하여 표장의 착용이 허가된 기타 인원

제2절 물 건

제19조 적십자사에 의하여 사용되는 건물 및 토지
제20조 적십자사의 소유이면서 점용되지 않는 건물 및 토지
제21조 적십자사의 병원, 구호소 및 운송수단
제22조 제3자에 의하여 운영 또는 사용되는 구호소 및 구급차량

제3절 홍보 및 보급

제23조 적십자사에 의하여 조직되는 캠페인 및 행사
제24조 제3자에 의한 표장사용의 요구

제4절 특별규칙

제25조 타 단체와의 협력
제26조 메달 및 감사표시의 징표
제27조 구호품 화물

서 론

1. 본 규정의 목적

적십자사에 의한 적십자 및 적신월 표장 사용에 관한 제규정(이하 "본 규정"이라 함)은 국제인도법의 제조항 및 국제적십자·적신월 운동(이하 "적십자운동"이라 함)의 기본원칙과 일치하여, 각국 적십자사에 의한 백지 적십자 또는 적신월 표장의 다양한 사용방법을 규정한다.

2. 법적 근거

본 규정은 1949년 8월 12일자 제네바협약에 그 근거를 두고 있는데, 주로 제1협약(육전에 있어서의 부상자 및 병자의 상태 개선에 관한 협약)에 근거하며, 몇몇 조항들은 국제적 무력충돌의 희생자들에 관한 1977년 6월 8일자 제네바협약 제Ⅰ추가의정서에 근거를 둔다. 1949년 8월 12일자 제1제네바협약 제44조에서는 표장의 보호적 사용과 표시적 사용을 구분하고 있으며, 이 두 가지 사용에 관한 일반 규정을 개괄하고 있다.

제Ⅰ의정서에서는 권한 있는 국가당국(이하 "당국"이라 함)으로 하여금 1949년 협약에 포함되지 아니하였던 사람 및 물건의 범주에까지 표장의 보호적 사용을 가능케 함으로써 그 사용범위를 확대하였다. 제Ⅰ의정서는 시각적, 음향적 또는 전자식 식별 표지를 도입하였다.

3. 적용범위

본 규정은 모든 적십자사 또는 적신월사에 적용된다. 제1협약 중 적십자사에 의한 표장의 사용에 관련된 의무를 규정해 놓은 제44조의 내용이 발전하여 본 규정을 이루고 있다. 그러므로 표장의 적법한 사용에 부과된 한도는 반드시 지켜져야 하지만, 그러나 이것은 적십자사가 보다 엄격한 규정을 제정하는 것을 방해하지 아니한다.

제Ⅰ의정서가 적용되는 경우에 있어, 본 규정의 일부 조항들은 제Ⅰ의정서가 시행되고 있는 국가의 적십자사와 관련되는 사항에 대하여는 보다 광의의 의미를 내포한다. 본 규정은 제Ⅰ의정서의 비가입국 적십자사에 대하여는 적용되지 아니한다.

4. 본 규정의 내용

본 규정은 표장의 보호적 사용 및 표시적 사용에 관하여 각각 한 장으로 다루고 있다. 이들 두 개의 장 앞에서는 구체적으로 언급되지 아니하던 사례들에 관한 지침을 제공하기 위한 총칙이 선행한다.

본 규정의 조항들에는 고딕체로 된 해설이 따르는데, 이는 필요한 경우 제네바협약 및 제Ⅰ의정서의 관련 조문을 인용한 것이다.

제1장 총 칙

제1조(표장의 목적) (1)표장의 보호적 사용(protective use)이라 함은 무력충돌에서 존중되고 보호되어야 하는 의료 및 종교요원과 장비를 표시함을 의미한다.

(2) 표장의 표시적 사용(indicative use)이라 함은 그러한 사람 또는 물건이 적십자운동과 관련되어 있음을 표시한다는 뜻이다.

☞ 표장의 종류는 단 한 가지이며, 다음과 같은 두 가지의 목적을 위해 사용된다. 첫째, 이 표장은 국제인도법에 의거하여 특정한 사람 또는 물건, 특히 의무부대를 비롯하여 적십자사 및 적신월사나 민방위 단체로부터 파견된 의료진이 소유하거나 사용하고 있는 것들의 보호를 위한 시각적 표시로서 사용된다(제1협약 제38조 및 제44조, 제1의정서 제8조 C항). 둘째로, 표장이 위와같은 사람 또는 물건에 사용할 경우, 이는 그들이 적십자운동과 관련되어 있음을 나타낸다.

제2조(적십자사의 권한) (1) 적십자사는 보호적 수단으로서의 표장의 사용에 있어 반드시 당국에 의하여 정해진 제조건에 부합하도록 하여야 한다.
(2) 적십자사는 국내법과 본 규정 및 지사의 정관에 명시된 한도 내에서만 평화시의 표시수단으로서 표장을 사용할 수 있다.

☞ (1)항에 관련하여 : 그러므로 적십자사가 단지 그 명목상의 이유로 인하여 보호수단으로서의 표장을 사용할 권리를 가지는 것은 아니다. 보호를 위한 표장의 사용을 허가 및 감독하는데 필요한 절차를 밟는 것은 당국의 권한인 것이다. 무력충돌이 발생하였음에도 적십자사가 이에 대비하지 못하는 경우를 방지하기 위해 해당 국가의 권력기관은 평화시에 의무부대를 보조하도록 하는 자국의 적십자사의 기능과 더불어 그 의료진 및 장비에 표장을 사용할 수 있는 권한을 미리 결정해두어야 한다.

제3조(표장의 권위 및 존중) 적십자사는 국제적십자 및 적신월 회의에 의하여 정해진 원칙에 의거한 활동시에만 표장을 사용할 수 있다. 이렇게 할 때에만 그 무엇에 의해서도 표장의 특권이 훼손되거나 그에 대한 존중은 감소되지 아니한다.

☞ 위에서 언급한 바 있는 제원칙, 특히 기본원칙은 적십자운동의 목표를 설정하며, 또한 고통받는 자들과 더불어 분쟁이나 자연적·사회적 재해의 직·간접적 피해자들에 대한 자발적 도움이라는 특정 활동의 기본을 이룬다. 적십자·적신월의 존립 이유는 국제적십자 정관의 전문에 명시되어 있다.

☞ 각국 적십자사는 그들의 본래적 임무와의 관련성이 희박한 활동을 수행하는 데 표장을 사용하는 일이 없도록 하여야 한다.

제4조(두 가지 사용법의 구분) 보호적 사용과 표시적 사용에 혼란이 야기되어서는 아니된다. 무력충돌시, 평화시 활동을 지속하는 적십자사는 표시적으로 사용되어 사람 또는 물건에 붙여진 표장이 적십자사와의 연관을 나타낼 뿐 국제인도법하에 보호받을 권리를 의미하지는 아니하도록 한다. 특히 표장은 상대적으로 작은 크기로서, 완장 또는 지붕에 부착되어서는 아니된다. 적십자사는 이러한 표시적 사용의 규정을 준수하여, 분쟁의 초기에서부터 표장이 보호적으로 사용되는 것과의 혼동이 일어나지 아니하도록 해야 한다.

☞ 표장의 사용에 있어 혼동을 초래하는 주된 요인은 표장의 디자인이라기 보다는 어떤 상황에서 표장을 사용하는가에 달려있다. 특히, 무력충돌에서 보호수단으로서 표장을 사용하게 되는 상황에서 더욱 그러하며, 이 점에서 혼동이 있어서는 아니된다. 이러한 위험을 방지하기 위하여 각국 적십자사들로 하여금 평화시의 표시수단으로 사용할 때에는 상대적으로 작은 크기의 표장을 사용하도록 권고하고 있다. 또한 같은 이유에서, 평화시에는 완장이나 지붕, 깃발에 표장을 사용하여서는 아니된다. 그러나 특수한 경우에 한하여 대형 표장의 사용이 예외적으로 인정되기는 하는데, 행사 등에서 구급요원들이 쉽게 눈에 띄도록 해야 할 경우 등에 그러하다.

제5조(표장의 도안) (1) 보호적 수단으로 쓰이는 표장은 항시 그 원래의 형태를 유지하여 십자, 신월 혹은 백색 바탕에 아무것도 첨가되

지 않아야 한다. 십자는 두 개의 가로대로 이루어지는데, 중앙에서 교차하는 수평과 수직의 것이 사용된다. 신월의 경우 그 모양과 방향은 특별히 정해지지 아니한다. 또한 십자나 신월은 깃발이나 문장의 양 가장자리에 닿아서는 안 된다. 붉은 색의 진하기는 특별히 규정되지 않았으며, 바탕은 언제나 백색이어야 한다.

(2) 표시적으로 쓰이는 표장은 언제나 해당 적십자사의 명칭이나 약자와 더불어 사용되어야 한다. 표장에 있어 주된 요소가 되는 십자나 신월 위에는 어떠한 그림이나 글자가 있어서는 안 되며, 바탕은 언제나 백색이어야 한다.

(3) 장식 목적을 위한 표장의 사용은 제3조의 규정 한도 내에서 허용되는데, 적십자사 및 적십자 운동을 진흥시키기 위한 공개적 행사나 이를 위한 영화, 출판물, 메달, 기타 다른 형태의 감사표시를 위한 물품 등에 쓰일 수 있다. 이러한 목적으로 사용될 때에는 국가의 법률이 금지하지 않는 한, 자유로운 디자인이 허용된다. 더욱이 표시적으로 쓰이는 표장은 가능한 한 장식적 디자인과 함께 쓰여야 한다.

☞ (1)항과 관련하여 : 표장의 디자인은 그것을 사용하는 사람 또는 물건이 쉽게 인지되어 효과적으로 보호받을 수 있도록 명확해야 한다. 그러나 보호 그 자체가 표장에 의해 전적으로 좌우되는 것은 아니다. 즉, 표장을 착용하지 않았거나 잘못 착용하였다고 할지라도 반드시 이 때문에 보호받을 권리가 없어지는 것은 아니다.

☞ (2), (3)항과 관련하여 : 표시적으로 사용되는 경우라 하더라도 아래와 같은 두 가지의 사용은 구분되어야 한다. 첫째로, 사람 또는 물건이 각국 적십자사와 연관되어 있음을 나타내는 표시적 사용의 경우에는 원래의 디자인이 지켜져야 한다. 둘째, 적십자사나 적십자운동의 진흥을 목적으로 한 경우, 표장의 특권에 대한 법적 규정에 위배되지 않는 한 보다 자유로운 디자인이 허용된다. 후자의 경우에 있어서는 이러한 사용의 권한을 인정하는 것이 가능한가 하는 법률 및 제반 사정에 따라 적십자사가 결정할 수 있다. 여기서 보다 자유로운 디자인이란, 예를 들면, 금색이 들어간 적십자, 진하기가 다른 붉은 색을 사용한 신월, 분리한 십자, 혹은 기

타의 무늬를 가진 표장 등이다. 적십자사는 위와 같은 (보다 자유로운) 디자인을 자사의 건물이나 편지 용지에 상시적인 표시로서 사용해서는 안 된다.

제6조(보호수단으로 사용되는 표장의 가시도) 보호수단으로서 쓰이는 표장은 가능한한 먼 거리에서도 알아볼 수 있어야 한다. 그 크기는 상황에 따라 될 수 있는 대로 커야 한다. 야간이나 기타 다른 이유로 시야가 방해받을 경우, 표장은 조명을 받거나 야광으로 칠해져야 한다. 표장은 기술적 방법을 통해 드러나거나 깃발이나 평면에 부착되어 공중을 포함한 여러 방법에서 알아볼 수 있도록 재료를 가능한 한 사용하여 제작되어야 한다.

제7조(적십자사의 내부 규정) 적십자사는 규정이나 내부 지침에 표장의 사용에 관련한 제조건을 정해놓아야 한다.

이러한 규정이나 내부 지침이란, 예를 들면 다음과 같다.

가. 표장의 보호적 사용 관련
- 본 주제에 관한 국내 법률 및 규정 관련 언급
- 표장의 사용을 허가할 수 있는 적법한 당국의 표시
- 분쟁의 초기에 표장의 표시적 기능과의 혼동을 피하기 위한 필요 절차의 목록
- 적십자사의 요원 및 물자에 표장을 사용하는 것에 대한 제조건

나. 표장의 표시적 사용 관련

—본 주제에 관한 국내 법률 및 본 규정 관련 언급

—적십자사의 회원이나 청소년적십자 및 적신월 단원들에 의한 표장의 사용을 규정하는 제조건

—적십자사의 회원은 아니지만 적십자사에 의해 훈련받고 표장을 착용하도록 허가된 사람들에 관한 언급

—표장의 사용이 허가된 제3자에 의해 운영되는 구호소 및 구급차의 목록

—표장의 크기 및 비율

—기금모집이나 활성화의 목적, 메달 및 기타 감사표시의 기념품을 위해 표장을 사용하는 것에 대한 세부사항

—표장의 사용을 정당화하는 문서 및 표장이 사용된 물건의 관리를 책임지는 사람들에 관한 제규정

제2장 표장의 보호적 사용

제1절 총 칙

제8조(당국의 동의와 표장사용을 통제하는 제조건) 적십자사는 보호수단으로서 표장을 사용하기 전에 당국으로부터 허가를 받고 그 허가에 의해 표장의 사용에 관한 제규정을 세워놓아야 한다. 적십자사는 그 회원들이 이러한 규정을 잘 준수하도록 감독하는 한편, 표장의 표시적 사용과의 혼동을 방지하는 데 필요한 조치를 취한다.

☞ 적십자사는 무력충돌시 자사의 의료요원이나 의료장비에 표장을 보호적으로 사용하는데 관한 규정을 당국과 협의하여 평화시에 미리 확립해두어야 한다. 이러한 경우에 따르는 혼동에 관해서는 위의 제4조를 참조할 것.

☞ 단, 심각한 혼란 등으로 인해 당국으로부터의 허가 취득이 실질적으로 불가능하거나 인도적 조처가 명확하고도 급박하게 필요할 경우, 적십자사는 그러한 허가가 이미 주어졌다는 가정하에 행동한다. 이는 인도주의 원칙의 실현을 위해 특정 조치가 필요한 경우에 해당한다. 더 나아가, 국제법의 핵심 목적이 인류에게 봉사하기 위한 것이므로 적십자사는 국제법하에 처벌에 대해 염려하지 않아도 된다. 즉 인도주의적 조치가 명백히 필요한 상황에 직면하였을 때, 법의 정신에 부합하는 어떤 조치가 취해지는 것을 막는 형식상의 장애가 허용되어서는 안된다. 이러한 요지는 당규정의 제8조와 제10조에 적용된다.

제2절 사람

제9조(적십자사의 의무요원) (1) 보호수단으로서 표장을 착용할 권한을 가지는 적십자사 의무요원은 근무중이 아닐 때에도 그 표장이 최대한 잘 보이도록 해야 한다.

(2) 자신들의 신분을 나타내기 위해, 위의 요원들은 당국에 의해 발행된 신분증을 소지해야 한다.

☞ (1)항과 관련하여 : 적십자사 요원의 의무요원으로서의 신분은 군의료기관의 관할하에 놓이게 될 때나(제1협약 제26조), 그러한 임무가 면해질 시, 민간병원의 운영 및 관리에 정기적이고 전적으로 개입하게 되는 때에만 주어진다(제4협약 제20조).

☞ 제1의정서에 의거, 당국은 1949년 제네바협약에 명시되지 않았던 적십자사의 의무요원을 비롯한 모든 민간 의료요원으로 하여금 보호수단으로서 표장을 사용할 수 있는 권리를 부여할 수 있다. 이러한 의무요원에 대한 정의는 제1의정서의 제8조 C항에 명기되어 있다.

표장이 눈에 잘 띄도록 하는 것은 특히 중요시되어야 하는데, 점령지역과 또한 전투가 발발했거나 혹은 발발하려는 지역에서 착용한 표장의 경우 더욱 그러하다. 위의 제6조를 참조할 것.

☞ (2)항과 관련하여 : 제1협약 제2부속서의 제40조 및 제41조, 제1의정서의 제18조 세째 문단, 제1의정서 제1부속서의 제1조 및 제2조를 참조할 것. 필요하다면, 적십자사는 자사의 의무요원에게 이러한 신분증을 발급할 의무가 있음을 당국에 고지할 수 있다.

제3절 물 건

제10조(적십자사의 의무단과 수송기관) 당국으로부터 보호수단으로서 표장을 착용할 권리를 부여받은 의무단 및 차량은 그 표장이 최대한 잘 보이도록 해야 한다.

☞ 협약에서는, 의무부대와 차량이란 의무부대 및 시설, 의무활동에 사용되는 건물, 의료장비 및 차량 등을 포함하는 의미이다(제1협약의 제3장, 제5장 및 제6장 참조할 것). 적십자사와 관련하여 볼때, 이는 군의료기관의 관할하에 위치한 병원, 구급차, 의료선박 및 항공기, 의료물자 창고 등을 비롯하여 군의료기관 소속의 민간병원을 포함한다. 이 경우, 위의 기관 및 물자들은 당국에 그 지위를 공식적으로 인정받는 한편 표장을 사용할 수 있도록 허가받아야 한다(제4협약의 제18조를 참조할 것).

☞ 제1의정서에 의해 당국은 1949년 제네바협약에 포함되지 않았던 적십자사의 의료부대, 의료차량 및 의료활동을 위한 운송수단 등을 비롯한 민간 의료단 및 운송수단에 대해 보호수단으로서의 표장사용의 권리를 부여할 수 있다. 의무단, 의료차량 및 운송수단에 관한 정의는 제1의정서의 제8조 (e), (f), (g)항에 명시되어 있다.

☞ 표장이 잘 보이도록 하는 것에 관한 세부사항은 제1협약의 제42조 및 제1의정서 제1부속서의 제2장에 명시되어 있다. 위의 제6조도 참조할 것.

제11조 (표시에 관한 특별규칙) (1) 적십자사의 의료선 및 해안구조선은 1949년 제2제네바협약의 제43조에 제시된 대로 표장을 사용하여 표시하여야 한다.

(2) 적십자사의 의료 항공기는 제1협약의 제36조를 준수하여 표시

하여야 한다.

☞ (1)항과 관련하여 : 의료선 및 해안구조선(혹은 해안으로부터 멀리 떨어져 활동하는 대형의 구조선)은 항해를 준비중이거나 항해에 나섰을 때 당국의 관할하에 있음을 나타내는 문서를 당국으로부터 교부받아야 한다. 이러한 선박의 명칭과 특징은 모든 교전 당사자들에게 통보되어야 한다. 이러한 병원선 및 구조선은 나포의 대상에서 제외된다. 표시에 관한 좀더 자세한 세부규정은 제2협약의 제43조에 명시되어 있다. 제2협약의 제22조부터 제35조, 제1의정서 제1부속서의 제3조부터 제11조까지 참조할 것.

☞ 덧붙여, 제1의정서의 제23조에 따라 의료적 목적으로 임시적 혹은 고정적으로 사용되는 적십자사의 기타 선박이나 항공기는 제2협약의 제43조 둘째 문단의 조항을 준수하여 표시되어야 한다. 이러한 선박과 항공기들은 나포의 대상에서 제외된다.

☞ (2)항과 관련하여 : 관련조항으로서 제1협약의 제36조, 제2협약의 제39조, 제4협약의 제22조, 제1의정서의 제24조부터 제31조, 제1의정서 제1부속서 제5조부터 제13조 등이 있다.

제12조(선택적 식별표지) 적십자사는 당국과의 협의하에 표장 외에도 기타 인정된 선택적 식별표지를 자사의 의료단과 차량에 부착시킬 수 있다. 이러한 식별표지로는 청색등 신호, 무선신호 및 전자기기를 이용한 표시 등이 있다.

식별표지에 관한 규정은 다음의 조항들에서 찾아볼 수 있다.
—제1의정서 제1부속서의 제5조부터 제8조
—국제민간항공기구(ICAO)이 발급한 '공습경보 기술적 지침' 의 문서 9051(청색등)
—국제통신연맹(ITU)가 발행한 '무선규정' 제2부의 제40조 및 제3부 N40조(의료차량)
—국제해상기구(IMO)가 발행한 '국제신호체계' 의 제14장

제13조 (평화시에 미리 표시) 적십자사는 당국의 동의를 얻어 무력충돌이 발생할 경우 의료적 목적에 부합되는 임무를 수행하도록 명확히 결정된 의무부대와 차량임을 표시하기 위해 표장 및 선택적 식별

표지 등을 평화시부터 미리 사용한다.

제4절 특별규칙

제14조 (보호수단 및 표시수단으로서 표장의 동시 사용) 당국으로부터 별도의 지시가 없을 경우, 적십자사는 회원들로 하여금 자사의 이름 및 보호수단으로서의 표장과 함께 표시수단으로서의 표장을 사용하도록 한다.

동일한 조건하에 당국의 관할하에 놓인 물건들에도 적십자사의 명칭과 더불어 표장을 사용할 수 있다.

이 경우 표시수단으로서의 표장과 적십자사의 명칭은 보호수단으로 쓰인 표장보다 그 크기가 작아야 한다.

제15조 (교전 당사자가 아닌 중립국 또는 기타 국가의 적십자사) 교전 당사국 중 일방에게 의무요원 및 물건을 공급하고자 하는 중립국 혹은 교전 당사국이 아닌 국가의 적십자사는 그 교전 당사국과 자국의 당국으로부터 사전 동의를 얻어야 한다. 또한 위의 요원과 물건들은 그들이 임무를 수행하기 위해 출발할 당시부터 표장을 착용한다.

☞ 제1협약 제27조의 이러한 내용을 참조할 것.

제3장 표장의 표시적 사용

제1절 사람

제16조(적십자사의 회원 및 직원) (1) 적십자사의 회원 및 직원들은 근무시 작은 크기의 표장을 착용한다.

(2) 근무중이 아닌 때에는 회원들은 아주 소형의 표장, 예를 들면 브로치나 배지 등의 형태로 된 것만을 착용한다.

(3) 예외적인 상황을 제외하고, 표장은 적십자사의 명칭이나 그 약자와 함께 부착된다.

☞ (1)항과 관련하여 : 표시적으로 쓰이는 표장이 대개의 경우 소형이라 할지라도 때때로 대형으로 쓰이는 경우도 있는데, 특히 구급요원들을 쉽게 식별할 수 있도록 할 때 그렇다(위의 제4조 및 그 주를 참조할 것).

☞ (2)항과 관련하여 : 이 경우, 표장의 사용은 적십자사를 대표해 수행되는 어떤 특정 활동에 연관되지 않으므로 아주 작은 크기의 것이어야 한다.

☞ (3)항과 관련하여 : 일반적 규정으로서 자원봉사자들은 회원들과 동일시되어서는 안 된다. 그러나 어떤 경우에는 자원봉사자들이 표장과 나란히 쓰인 적십자사의 명칭이나 그 약자(略字) 없이도 활동할 수 있는데, 예를 들면, 내란시 표시방법이 그들의 임무수행을 방해할 때 그렇다.

제17조(청소년적십자 및 적신월 단원) 제16조에 준한다. '청소년적십자' 혹은 '청소년적신월' 이 그 약자인 RCY 와 표장을 함께 사용한다.

제18조(적십자사에 의하여 표장의 착용이 허가된 기타 인원) 적십

자사는 내부 규정에 명시된 조건하에서 자사의 회원은 아니지만 자체 개설한 강의를 마쳤거나 시험을 통과한 사람들로 하여금 표장을 착용할 수 있게 한다. 이 경우, 표장은 아주 소형이어야 하며 적십자사의 명칭이나 그 약자와 함께 쓰인다(예를 들면 브로치나 배지의 형태).

☞ 이들은 항상 공적인 주목을 받는 구급요원이거나 간호사들이다.

제2절 물건

제19조(적십자사에 의하여 사용되는 건물과 토지) (1) 적십자사에 의해 사용되는 건물과 토지에서는 그 소유여부에 관계없이, 적십자사의 이름과 함께 쓰인 표장이 부착된다.

(2) 만일 적십자사에 의해 건물의 일부만이 쓰이고 있다면 그 부분에만 표장이 부착된다.

(3) 표장은 상대적으로 작은 크기로 쓰이며, 무력충돌 발생시 보호수단으로서의 표장사용과 혼동되는 것을 방지하기 위해 지붕에는 부착되지 않는다.

☞ (2)항과 관련하여 : 만일 적십자사가 다른 사람들이나 단체들과 함께 한 건물을 나누어 쓴다면, 그러한 근처의 사람 및 단체들의 활동이 표장의 특권에 간접적으로 악영향을 미치지 않도록 보장되어야 한다.

☞ (3)항과 관련하여 : 혼동의 위험과 관련하여서는 위의 제4조를 참조할 것.

제20조(적십자사의 소유이면서 점용되지는 않은 건물 및 토지) 적십자사는 자사가 직접 사용하지는 않고 제3자에게 임대해준 자사 소

유의 건물이나 구내에 표장을 부착시키지 않는다.

제21조(적십자사의 병원, 구호소[주1] 및 운송수단) 적십자사가 운영하는 병원 및 구호소, 적십자사 회원과 직원들이 사용하는 운송수단(특히 구급차)에는 적십자사의 명칭과 함께 표장이 부착되어 있어야 한다. 제13조에 의거, 위와 같이 사용된 표장은 무력충돌 발생시 보호수단으로서 표장의 사용과 혼동을 방지하기 위해 상대적으로 소형이어야 한다.

☞ 병원의 경우, 표장의 표시적 사용은 오직 적십자사의 병원의 경우에만 예외적으로 인정되는 것이지만, 당국이 무력충돌 발생시 보호수단으로서의 표장사용 권한을 부여하려는 병원의 경우에도 고려되어야 한다. 후자의 경우 당국은 평화시에 미리 이러한 병원들로 하여금 표장을 사용하도록 한다(위의 제10조와 제13조를 참조할 것).

☞ 만일 적십자사가 다른 기관에게 자사의 운송수단을 대여하는 경우, 표장의 오용을 방지하기 위해 적십자사의 이름과 표장을 지우거나 가려야 한다.

☞ 혼동의 위험과 관련하여 위의 제4조를 참조할 것.

[주1] 1968년 11월 8일 비엔나에서 채택된 '도로표지 및 표시에 관한 UN협약' 및 1971년 5월 1일 제네바에서 채택된 유럽협정(UN협약 보충)에 따르면, 도로표지 중 다음과 같은 두 가지가 적십자 표장을 이용하고 있다.
  가) 응급구호소 표지(F, 1a)는 흰색 바탕에 적십자 혹은 적신월이 그려져 있으며 청색의 테로 둘러져 있다. 이는 표장의 표시적 사용이므로 적십자사는 이 표지가 당국에 의해 운영되고 있거나 허가된 구호소에 한해서만 사용될 것을 관계당국에 요구해야 한다.
  나) 병원표지(E, 12b)는 백색 침상이 그려진 청색 바탕 위에 적십자 혹은 적신월이 그려져 있다. 이는 표장의 잘못된 사용이므로, 적십자사는 관계당국에게 또 다른 병원표지(E, 12a) 만을 사용하도록 요구해야 한다. 이

표지 역시 위의 협약들에 나타나 있는 것으로서, 청색 바탕 위에 백색으로 'H' 자가 그려져 있다.

제22조(제3자에 의하여 운영 또는 사용되는 구호소〔주2〕 및 구급차량) 적십자사는 평화시에 국내법을 준수하여 제3자가 표장을 사용하도록 허가하되 무료로 치료하거나 구급차를 사용하게 하는 경우에 한해서만 예외적으로 구호소에서 표지를 사용할 수 있도록 한다.

적십자사는 위와 같은 허가를 내어줌에 있어 표장의 사용에 대한 올바른 정기적 관리를 행하는 것을 조건으로 한다. 이는 언제라도 이같은 허가를 취소하여 즉시 그 취소가 실제적으로 인정될 수 있음을 의미한다.

☞ 제1협약의 제44조 넷째 문단에 의하면, 구급차뿐 아니라 구호소의 표장 사용 역시 "무료 치료의 실시를 목적으로 하는 경우에만" 해당된다. 전례에 따라 이 무료 치료의 규정은 다소간 융통성 있게 해석된다. 이런 관례는 인정받을 수 있으며, 협약의 정신에 따르면 비용의 지불을 조건으로 하지 않는 치료가 이루어지고, 적십자운동과 관련된 자발적 봉사정신이 옹호되고 있어야 한다.

〔주2〕 제21조를 참조할 것.

제3절 홍보 및 모금

제23조(적십자사에 의하여 조직되는 캠페인 및 행사) (1) 적십자사는 본 규정의 제2조에서 제5조까지의 내용이 허용하는 한도 내에서, 그 활동을 널리 알리고 국제인도법 및 국제적십자운동 기본원칙에 대

한 지식을 보급하기 위한 캠페인 및 행사를 진행하는 데 표장을 사용할 수 있다.

(2) 위와 같은 캠페인에 쓰일 인쇄물, 물건 및 선전품 등에 부착하는 표장의 경우, 가능한 적십자사의 이름 및 그 캠페인의 취지를 설명하는 글이나 광고도안과 함께 사용되어야 한다. 표장이 부착되었다고 해서 국제인도법상의 보호나 적십자운동체의 회원임을 표시하는 것은 아니며, 캠페인 기간이 끝난 후에 잘못 사용되어서는 안 된다. 이러한 물건들은 보다 축소된 크기이거나 금방 폐기 가능한 재료로 만들어져야 한다.

(3) 기금을 모집하거나 혹은 적십자운동의 보급을 위해 다른 회사 및 단체와 협조하고 있는 적십자사는 다음과 같은 조건들이 충족되는 범위 내에서 적십자사가 사용하는 물품이나 광고물 및 판매품에 그 회사의 상표, 로고, 명칭을 부착할 수 있다.

가) 공동의 인식 속에 그 회사의 활동 및 그 제품의 품질과 표장 및 적십자사 그 자체간의 그 어떤 혼동도 초래되지 않아야 한다.
나) 적십자사는 그러한 캠페인 전체를 주도해야 하며, 특히 그 회사의 상표, 로고, 명칭 등이 부착될 물품의 선정과 부착 위치, 형태, 크기 등을 결정할 수 있어야 한다.
다) 이러한 캠페인은 한가지 특정 활동과만 연계되어야 하며, 특정 기간 및 지역에 국한되어 진행되어야 한다.
라) 관련된 회사는 어떠한 경우에라도 적십자운동의 목적 및 원칙에 역행하거나 공공으로부터 문제시되는 활동에 연루되어서는 안 된다.

마) 그 회사의 활동이 표장에 대한 존중이나 그 특권을 훼손한다면 적십자사는 언제라도 그 회사와 체결한 계약을 취소할 수 있는 권리가 있어야 하며, 이 경우 단시간 내에 가능해야 한다.
바) 적십자사가 위와 같은 캠페인을 통해 물질적·재정적 이익을 취한다 할지라도 이러한 이해관계는 적십자의 독립성을 위협하지 않아야 한다.
사) 적십자사와 상대 회사 및 단체간의 계약은 반드시 서면을 통해 이루어져야 한다.
아) 계약은 적십자사의 중앙 지도부서에 의해 그 내용을 허가받아야 한다.

적십자사는 협력 회사나 단체로 하여금 자체의 선전물에 자사가 적십자사의 활동을 위해 기부했거나 기타 다른 방법으로 기여했다는 내용을 언급하도록 허가할 수 있다. 이러한 내용은 그 회사의 제품이 판매되어 생긴 수익금의 전부 또는 일부가 적십자사에 기증될 때 그 제품에 나타내어질 수도 있다. 단, 이에 대한 허가는 위에서 제시한 바 있는 조건과 가), 다), 라), 마), 바), 사), 아)의 내용에 철저히 부합될 때에만 가능하다. 적십자운동을 널리 보급시키기 위한 캠페인 기간 중 적십자사는 그 캠페인에 관련되어 마련하는 협력회사의 구좌를 조사할 권리를 가진다. 더 나아가, 적십자사는 선전문이나 위에서 언급된 바 있는 상품에다 자기 회사의 적십자운동에의 협력을 어떠한 방식으로 나타내고 있는지를 신중히 감시할 수 있다. 그 캠페인에 쓰이고 있는 사진이나 기타 영상매체의 경우 역시 마찬가지이다. 단순 판매를 목적으로 하는 물품에는 표장의 부착이 허가되지 않으며, 모든 규제를 준수하는 한에서 선전물에 부착시키거나 적십자사와의 협력 내용에 대한 명확한 설명과 더불어 소형의 표장을 부착시키는 것만이 허가될 수 있다. 적십자사는 표장 사용에 관한 제조건이 충족되는 한에서만 협력회사와의 계약을 체결, 이행한다. 이러한 조건들을 고의로 위반했을 때, 적십자사는 즉시 계약을 종결하며, 이는 어떠한 보상의 책임이 없이 즉시 가능하다.

☞ (1)항과 관련하여 : 위 제3조에 따르면, 그 명칭과 표장은 물품판매를 통한 기금의 모집이나 한시적 사업일 때만 사용될 수 있다. 예를 들면 판매가 영속적으로 이루어지거나 장기적 봉사일 때에는 그 사용이 이루어질 수 없는데, 특히 그 사업의 내용이 적십자운동체의 전통적 활동과 별다른 연관성을 가지지 않거나 혹은 상업적 이익을 추구하기 위해 이루어지고 있는 여타의 비슷한 활동과 경쟁하듯 수행되고 있다면, 표장의 사용은 허가되지 않는다. 이는, 적십자사와 관련된 물건의 판매와 사업을 비롯하여 적십자사가 조직하는 행사 등이 그 본래의 인도주의적, 사회적 활동에 비해 마치 더욱 대표적인 것으로 되는 것을 막기 위함이다.

☞ (2)항과 관련하여 : 공공에게 나눠주거나 판매하는 선전물은 소책자, 출판물, 포스터, 기념우표, 필름, 연필 등 모든 종류의 인쇄물과 기타 물건 등의 형태를 가진다. 의류나 깃발일 경우, 이런 물건들은 무력충돌 발생시에 보호수단으로서의 표장 사용과 혼동될 우려가 있으므로, 반드시 적십자사의 명칭이나 캠페인의 취지를 설명하는 글 혹은 광고도안 등과 함께 사용되어야 한다.

☞ (3)항과 관련하여 : 위의 두 항에서 제시된 일반적 사항들이 3항에 나타난 특정 상황에도 명백히 적용된다. 개인, 단체, 회사 등이 적십자 및 적신월 표장 혹은 명칭을 사용하는 것은 국제인도법상 금지되어 있다(제1협약 제53조). 그렇다고 할지라도 적십자사가 어떤 회사나 단체로부터 도움을 받았음을 언급할 수는 있다. 이러한 도움을 준 회사를 구체적으로 밝히지 않으면 적십자사가 그 기금이나 다른 수익의 원천을 놓쳐버릴 수도 있기 때문이다. 하지만 어떠한 남용이나 공공의 인식상의 혼동을 방지하기 위하여, 그 회사들로부터 원조가 어떤 식으로 대중들에게 알려지는가를 적십자사가 면밀히 감시해야 한다. 3항에서 제시된 제조건이 이와 같은 활동에 대한 정확한 지침을 제공하고 있다.

☞ 가), 나)항과 관련하여 : 공공의 인식상 초래될 수도 있는 특정 회사와 적십자사 그 자체간의 어떤 혼동도 방지하는 일이 최우선적으로 중요하다. 그러므로 적십자사가 어느 회사로부

터 특정 캠페인 기간중의 지원을 받고 있다고 공표한다면(예를 들면, 인쇄물이나 다른 물품 등에), 적십자사는 그 회사의 역할이 명백히 한정적일 뿐이며, 표장을 사용하였다고 해서 그 제품의 품질을 보장하는 것은 아님을 분명히 해야 한다. 또한 그 회사의 상표, 로고, 명칭 등이 적당한 크기로 자리잡고 있도록 주의를 기울여야 한다.

☞ 다)항과 관련하여 : 적십자사와 특정 회사와의 연계는 그 활동의 전부가 아닌 특정 프로그램에만 국한한다. 이러한 연계 기간은 사전에 결정되어야 하며, 3년을 경과해서는 안 된다. 더욱이 만일 적십자사가 추진하는 캠페인과 동일한 것이 진행되고 있는 국가의 적십자사간에 특별한 협정이 없는 한 위와 같은 연계는 그 국가 적십자사가 속한 국가의 영토 내로 한정되어야 한다.

☞ 라)항과 관련하여 : 때로는 적십자운동의 목적에 정반대되는 회사들 (예를 들면, 무기, 담배, 주류 및 환경위험 물질의 제조와 판매회사)이 적십자사의 활동을 지원할 경우도 있다. 이러한 회사들이 명칭이나 로고를 적십자사의 명칭 및 표장과 나란히 사용하는 일이 없어야 한다.

☞ 마)항과 관련하여 : 적십자운동체의 목적과 반대되는 회사는 아닐지라도 이런 회사와 연계후, 당시에는 알려지지 않았던 바람직하지 못한 면이 드러날 수도 있다 (예를 들면, 그 회사에 의한 심각한 환경오염 등). 그러므로 적십자사는 이러한 일이 발생하는 즉시 그 회사와의 연계를 취소할 수 있어야 한다.

☞ 바)항과 관련하여 : 후원은 매우 중요한 사안이므로 정식 계약이 체결되고 적십자사가 취할 수 있는 실질적인 이익이 확실할 때만 추진하도록 한다. 그러나 적십자사가 이러한 이익으로 인해 그 회사에 종속되는 일이 없어야 한다. 예를 들면, 이런 후원으로부터 얻어지는 재정적 이익은 적십자사 전체의 수입원 중 최대한 20%를 초과하지 않아야 한다.

☞ 사)항과 관련하여 : 적십자사와 계약을 체결하는 회사 혹은 단체간의 모든 계약조건들은 반드시 서면계약의 형식으로 명기되어야 한다.

☞ 아)항과 관련하여 : 계약이 체결되기 전, 적십자사 행정의 의사결정권을 가진 부서에 의해 심의되어야 한다.

☞ (4)항과 관련하여 : 주요한 기금의 원천을 잃지 않기 위하여 적십자사는 자사의 활동에 기여하는 회사나 기타 단체로 하여금 이러한 후원 사실을 그 선전물을 비롯하여 수익금의 전부 혹은 일부가 적십자사에 기증되는 상품에 언급할 수 있도록 허가한다. 그러나 이는 자칫하면

상당한 오용의 위험이 따르므로, 위 3항의 가), 다), 라), 마), 바), 사), 아)항에 명시된 제조건들이 엄격히 준수되도록 해야 한다.

☞ 더욱이, 적십자사는 위와 같은 후원시설의 언급이 신중히 이루어져 불필요한 오해를 불러 일으키지 않도록 해야 한다. 표장이 그 회사의 선전물에 인용될 수는 있지만, 금방 폐기할 수 없도록 제작되어 적십자사가 이들 물품의 유통을 통제할 수 없는 상황이 초래되기도 하므로 단순 판매를 목적으로 하는 제품에는 표장을 부착시킬 수 없다.

☞ 선전물상에 표장의 인용을 허가할 때에는 소형이어야 하며, 공공으로 하여금 적십자사와 협력계약을 체결한 회사와의 관계를 명확히 이해하도록 하는 설명을 덧붙이도록 해야 한다.

☞ 적십자사는 특정 캠페인과 관련하여 개설된 그 회사의 구좌를 조사할 권리를 가진다. 적십자사는 이 조사활동을 직접 행하거나 회계감사 대행회사 등 특화된 기관에 의뢰한다.

마지막으로, 제23조 3항의 마)항에 명시된 계약취소의 권리에 덧붙여, 만일 협력계약을 체결한 상대회사 혹은 단체가 표장의 사용에 관한 제조건을 위반하였을 시, 적십자사는 어떠한 보상의 책임에 구애받지 않고 즉시 계약을 종결시킬 권리를 갖는다.

제24조(제3자에 의한 사용의 요구) (1) 위의 제18조, 제22조, 제23조에 언급된 바 있는 경우들과 적십자사 및 적십자운동체의 활동을 진흥하기 위해 추진되는 본 항의 경우를 제외하고는 제3자에 의한 표장 사용은 허가될 수 없다.

(2) 적십자사는 만일 어떤 물건이 제네바협약에 의거하여 실질적으로 표장을 부착한 인물이나 물건을 나타낸다면 표장 사용의 요청을 받아들일 수 있다. 이 경우 표장은 보호 혹은 표시수단으로서 사용되어 문제시되고 있는 회사의 상표와 나란히 쓰여서는 안 된다. 표장 사용 허가를 신청할 시에는 일정한 금액을 지불하여야 하는데, 그 주요 목적은 국제인도법이나 적십자사 및 적십자운동의 활동을 널리 보급시키기 위함이다.

(3) 만일 어떤 기관이 상업적 이익의 추구 없이 적십자사 및 적십자

운동의 활동을 진흥시키기 위한 목적으로 표장 사용을 요구한다면 적십자사는 이를 허가한다.

(4) 적십자사는 제3자가 표장사용시 언제라도 통제하기 위하여 모든 편의를 제공하도록 요구할 수 있고 즉시 사용허가를 취소시킬 수 있다는 점을 주지시켜야 한다.

☞ (1)항과 관련하여 : 위의 경우를 제외하고는 적십자사가 제3자의 표장사용을 허가할 수 없다. 허가시에는 적십자사 측에 의한 엄격한 관리가 요구되며, 오직 예외적인 경우로만 인정될 뿐 일반화되어서는 안 된다.

☞ (2)항과 관련하여 : 예를 들면 소형의 군 구급차 장난감, 군 의료기관이나 적십자사의 대표적 인물 소형상 등이 여기에 해당된다. 다른 국가의 적십자사와의 특별한 협약이 있을 경우를 제외하고, 표장사용의 허가는 그 적십자사가 속한 국내에서만 유효하다. 또한 적십자사는 이러한 허가를 내줌으로써 어느 특정 회사에만 유리해져 다른 회사가 치명적 타격을 입지 않도록 주의해야 한다. 허가는 결코 재정적 후원의 대가로 주어져서는 안 되며, 표장에 대한 존중에 관련하여 제23조에 명시된 제규정들은 본 항에도 마찬가지로 적용된다. 혹 어느 회사가 재정적 수익 외의 목적으로 표장을 사용하려 한다해도 적십자사에 허가를 요청해야 하며, 제23조의 제조건에 부합해야 한다.

☞ (3)항과 관련하여 : 적십자사는 자사 및 적십자운동의 활동을 진흥시키기 위한 기관이기는 하나 시기 및 법적 이유 (예를 들어 재정상의 문제 등)로 인해 법적으로는 독립성을 가진 단체나 재단으로 하여금 표장을 사용할 수 있도록 해야 한다. 이 경우 기관들이 사용하는 표장은 자기 단체의 회원들이 아닌 적십자사 및 적십자운동의 활동을 널리 알리고 진흥시키는 데 한해서만 사용할 수 있음이 명확히 인지되어야 한다. 그러므로 적십자사에 의한 표장 사용에 대한 엄격한 통제가 중요하다(위의 제4항 참조).

제4절 특별규칙

제25조(타단체와의 협력) 제23조 및 제24조에 언급된 경우들에 덧붙여, 적십자사는 여타의 인도주의 단체가 함께 예외적 상황에서 그

표장을 사용할 수 있다. 이는 특별한 책임하에서만 가능하며, 공공의 인식상 적십자사와 그 단체간의 혼동이 초래되지 않도록 해야 한다.

☞ 원칙적으로는 적십자사가 다른 단체와 함께 표장을 사용할 수 없다. 이러한 사용은 가급적 삼가야 하며, 예외적인 상황에서만 가능하다. 인도주의적 활동이나 활성화 캠페인(예를 들면, 공동 간행물의 제작 등)에서만 가능한데, 이 경우 표장은 오로지 표시적으로만 쓰일 수 있다.

제26조(메달 및 기타 감사표시의 징표) 표장이 적십자사의 명칭과 나란히 놓이고 가능하면 메달의 목적이나 그 공로에 대한 짤막한 설명이 덧붙여진다면 적십자사는 메달이나 기타 감사를 표시하기 위한 물건에 표장을 사용할 수 있다. 위의 제5조 셋째 문단에 따라 표장의 디자인은 장식적으로 쓰일 수 있다.

제27조(구호품 화물) 적십자사는 자사의 명칭 및 그 약자와 함께 표장을 구호품에 사용할 수 있다. 이 구호품들은 철도, 도로, 항공으로 운송되어 무력분쟁 및 자연재해의 희생자들을 구호하는 데 쓰이며, 적십자사는 표장이 잘못 사용되지 아니하도록 필요한 조치를 취한다.

☞ 이때 이 권리는 오직 구호품에만 적용되어 그 원산지나 기탁지를 표시할 뿐, 그 수송에 사용된 운송수단에는 적용되지 아니한다.

제3장
국제적십자운동의 기본원칙

1. 역사적 배경

비록 적십자의 기원(起源)이 추상적인 원칙에 근거하지 않고 1859년 6월 솔페리노 전쟁터에서 부상자들을 도운 사람들의 **자발적인 행동**에 기초하고 있지만, 인도주의운동이 탄생하기 위한 지침과 **원칙**에 대한 연구는 일찍부터 있었다.

초기의 정의(定義)는 앙리 뒤낭의 《솔페리노의 회상》(1862)과 1863년 회의의 결정사항, 그리고 1864년에 완성된 '육전에서의 군대의 부상자 상태 개선에 관한 제네바협약'에서 찾아볼 수 있다.

1863년 결정사항에는 각 나라에 잘 훈련된 **봉사자**들로 군대의 의무활동을 지원할 전국위원회를 설립할 것을 규정하고 있다. 이 최초의 회의는 이미 적십자사간의 교류와 협력, 지원, 다른 말로 **결속**을 규정하고 있다. 최초의 제네바협약은 의료지원의 중립화를 선결조건으로 하고 있으며, **공평**과 **비차별** 원칙에서 "부상병과 환자는 국적에 상관없이 수용하고 돌볼 것"을 규정하고 있다.

적십자 창립 멤버 가운데 한 사람이며 1864년부터 1910년까지 '부상병 지원을 위한 국제위원회(1875년부터는 국제적십자위원회)' 총재였던 귀스따브 므와니에(Gustave Moynier)는 적십자 원칙과 신조에 남다른 관심을 보였다. 므와니에는 보편과 비차별 같은 **본질적** 원칙과 한 나라에 하나의 적십자사를 두고 그 나라 전역에 걸쳐서 활동한다든지 전시에 개입을 위해 평화시에 미리 준비를 하고 국제적인 결속의 정신으로 외국을 위한 구호를 준비한다는 등의 **활동원칙**으로 구분했다. 글이나 보고서에 나온 원칙들은 그 후 각종 회의에서 토의를 거쳐 결의사항으로 나타났다.

그러던 중 1920년 봐씨에(Boissier)는 적십자의 원칙을 **종교나 인종, 국적의 구분 없이 고난에 처한 인류에 헌신하는 보편적 자비**로 정의하면서 자비와 보편성을 독립성과 공평성과 함께 적십자의 본질적인 특성으로 보았다. 봐씨에가 이러한 원칙을 새로 만들어낸 것은 아니고 적십자 활동이 역사적으로 발전되어오면서 묵시적으로 인정되어 오던 것을 개괄해서 말한 셈이다.

1921년은 적십자 원칙의 초석이 되는 해이다. 국제적십자위원회(ICRC)가 그 헌장을 개정하면서 최초로 기본원칙 요약을 포함시키고 그 원칙을 옹호하는 것을 ICRC의 원칙으로 삼았다. "요약"에는 "중립과 정치적 종교적 경제적 독립, 적십자의 보편성, 각국 적십자사의 평등" 등 네 가지 원칙을 언급했다. 같은 해 제네바에서 개최된 제10차 국제적십자회의는 "ICRC의 활동을 승인하고, ICRC가 적십자의 기본적·도덕적·법적 원칙의 수호자와 보급자로서 전세계적으로 원칙의 보급과 적용을 지킬 것을 지시한다"는 결의사항을 채택했다.

ICRC와 연맹의 활동의 한계를 정하고 조정하기 위해 1928년에 만들어진 국제적십자 정관은 ICRC를 적십자 원칙의 보호자(guardian)

로 규정했다. 1952년 개정된 국제적십자 정관에서도 적십자 원칙을 소개하고 있는데 1921년도 것에 비해 크게 바뀌지 않았다.

1946년 연맹 이사회는 기본원칙 선언을 채택하면서 1921년의 네 가지 원칙에 13개의 원칙이 추가되었다. ICRC 총재(1928~1944)와 국제사법재판소 총재를 역임한 막스 위버(Max Huber)는 여러 번 적십자 활동의 이념적·법적 근거와 적십자 신조와 관련된 문제에 분명한 입장을 취했다. 그에게는 인간에 대한 존중 및 존엄성과 차별 없이 고통받는 자에 대한 지원을 가져오는 인도주의 개념이 가장 중요했다. 그는 중립을 적십자 인도주의 임무를 완성하는 수단이라고 보았기 때문에 정치, 종교, 이념상 중립의 원칙을 특히 중요시했다.

1955년 적십자 이념 및 국제인도법 전문가인 ICRC의 장 삑떼(Jean Pictet)가 초안한 《적십자 기본원칙(Red Cross Principles)》이 1956년 출간되었다. 막스 위버가 그 서문에서 높이 평가한 이 책에서는 그때까지 알려진 적십자 원칙의 각 요소를 자세하게 분석했으며, 무엇보다도 적십자 원칙의 **실제적 규칙**을 담고 있었다. 삑떼는 '기본적 원칙(fundamental principles)'과 '조직상의 원칙(organic principles)', 즉 기초적인 가치와 주요 자세를 나타내는 원칙과 기구상 또는 조직상의 특성에 관한 원칙으로 구분했다. 삑떼에 따르면 '기본적 원칙'은 인도, 평등, 비례, 공평, 중립, 독립, 보편을, '조직상의 원칙'은 헌신, 무료활동, 자원봉사, 보조성, 자율성, 다수 복리(福利) 주의, 적십자사들의 평등, 단일, 결속, 선견(先見)을 꼽았다.

전체 적십자운동이 삑떼의 연구에 주목했다. 일본 적십자사는 이 책을 일어로 발간하고 삑떼가 제안한 대로 적십자 원칙을 정식으로 채택할 것을 제안했다. 이 제안에 따라 구성된 ICRC와 연맹 공동위원

기본원칙이 선언된
1965년 국제회의(비엔나).

회가 마련한 보다 단순화된 초안이 국제적십자 **상치위원회**에 제출되었으며, 이 위원회는 1960년 10월 새로운 적십자 원칙 문안을 승인했다. 위원회는 인도의 원칙에 적십자의 평화증진 기능을 포함시키자는 소련 적십자사 총재의 요청을 승인했다.

  1961년 프라하에서 개최된 국제적십자 대표자회의는 적십자 원칙의 새 문안을 약간의 수정을 거친 후 만장일치로 채택했다. 새로운 "적십자 원칙"은 1965년 비엔나에서 개최된 제20차 국제적십자회의에서 정식으로 채택, 선언되어 ICRC와 연맹, 각국 적십자사뿐 아니라 제네바 협약 체약 당사국 정부들의 동의도 얻어내는 효력을 갖게 되었다.

  1986년 제네바에서 개최된 제25차 국제적십자회의가 1952년에 제정된 국제적십자 정관의 전반적인 개정안을 채택하면서 '국제적십자'는 '국제적십자 및 적신월 운동'으로 명칭이 바뀌었으며, 1965년에 선언된 적십자 기본원칙은 이와 같이 명칭만 바뀐 채 헌장 서문에 들어갔다.

인도주의 나무

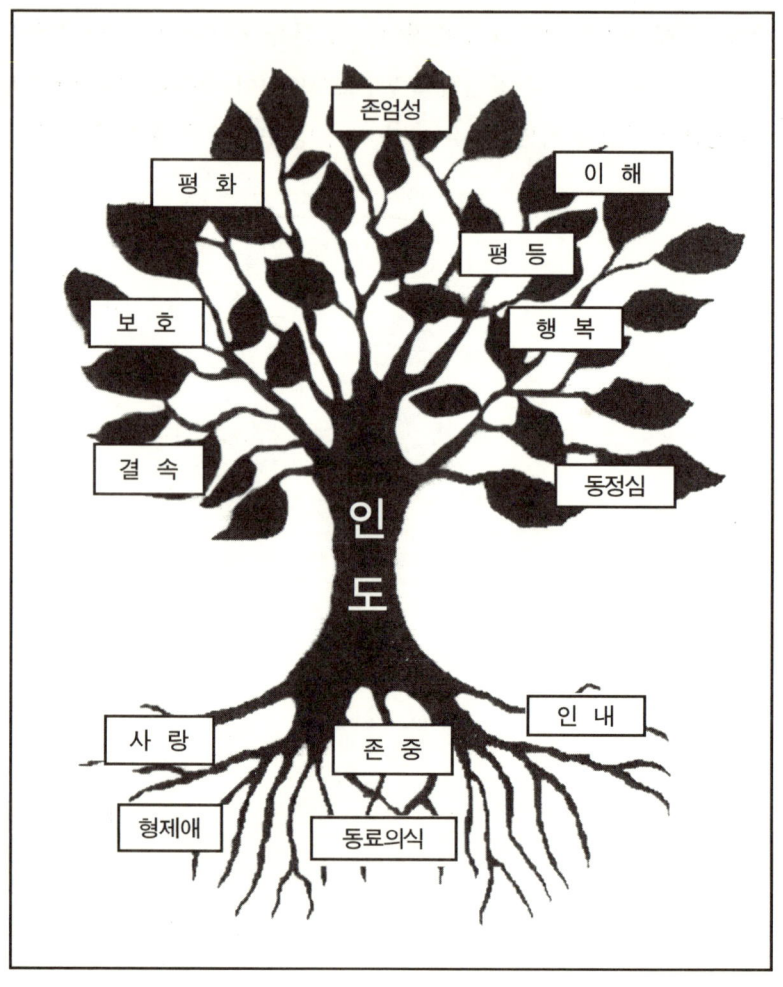

국제적십자운동 기본원칙

인도 Humanity 국제적십자운동은 전쟁터에서 부상자를 차별 없이 도우려는 의도에서 탄생하였으며, 국제적·국내적 능력이 미치는 한도 내에서 어디서든지 인간의 고난을 예방하고 경감시키기 위하여 노력한다. 적십자의 목적은 생명과 건강을 보호하며, 인간존중을 보장하는 데 있다. 적십자는 모든 국민간의 상호이해, 우의 협력 및 항구적 평화를 증진시킨다.

공평 Impartiality 적십자는 국적, 인종, 종교, 계급 또는 정치적 견해에 대하여 어떠한 차별도 아니하며, 오직 개개인의 욕구에 따라 그들의 고통을 덜어주고, 가장 위급한 재난부터 우선적으로 다루기 위하여 노력한다.

중립 Neutrality 적십자는 모든 사람의 신뢰를 끊임없이 받기 위하여 적대행위에 있어서 어느 편에도 가담하지 아니하며, 어느 때든지 정치적, 인종적, 종교적 또는 이념적 성격을 띤 논쟁에 개입하여서는 아니된다.

독립 Independence 적십자는 독립적이다. 각국 적십자사는 그 나라 정부의 인도주의 사업에 대한 보조자로서 국내 법규를 준수하여야 하지만, 어느 때든지 적십자 원칙에 따라 행동할 수 있도록 항시 자율성을 유지하여야 한다.

봉사 Voluntary Service 적십자는 어떠한 형태로든지 이득을 추구하지 아니하는 자발적 구호운동이다.

단일 Unity 한 나라에는 오직 하나의 적십자사 만이 존재할 수 있다. 적십자사는 모든 사람에게 개방되어야 하며, 그 나라 영토 전역에 걸쳐서 맡은 바 인도주의 사업을 수행하여야 한다.

보편 Universality 국제적십자운동은 범세계적이며, 그 안에서 모든 적십자사는 동등한 지위를 가지고 서로 돕는 데 있어서 동등한 책임과 의무를 진다.

2. 일곱가지 원칙

1) 인도(Humanity)

> 국제적십자운동은 전쟁터에서 부상자를 차별 없이 도우려는 의도에서 탄생했으며, 국제적·국내적 능력이 미치는 한도 내에서 어디서든지 인간의 고난을 예방하고 경감시키기 위하여 노력한다. 적십자의 목적은 생명과 건강을 보호하며 인간존중을 보장하는 데 있다. 적십자는 모든 국민간의 상호이해, 우의, 협력 및 항구적 평화를 증진시킨다.

'인도'는 주된 원칙과 지침이며, 적십자의 정신이다. 적십자의 원칙을 하나로 줄인다면 그것은 '인도'의 원칙이 될 것이다. 여기서 '인도'란 말은 두 가지 의미를 갖고 있다. 인도는 인간의 생활방식과 행동을 규정하며 이 행동이 지향하는 목표, 즉 인간을 묘사한다. '인도'가 요구하는 인간을 향한 인간의 행동은 다른 사람의 인간성을 인정하고, 그에게 잘해주며, 그가 도움이 필요할 때 도와주고 보호하는 존중과 사랑이다. "네 이웃을 네 자신과 같이 사랑하라"는 그리스도의

가르침은 '인도'가 인간에게 요구하는 바를 뜻한다.

(1) 인간의 고통경감과 예방

적십자운동은 언제, 어디서나 **인간**의 **고통**을 **예방**하고 **경감**시키기 위해 노력한다. 고통받는 '희생자' 즉 부상자, 환자, 조난자, 포로, 피억류자, 노숙자, 굶주린 사람들을 돕는 일에 적십자는 중요한 역할을 해왔다. 무력충돌시 ICRC와 적십자사는 **국제인도법**에 근거하여 활동한다. 극심한 고통은 **자연재해나 그밖의 재해**에서도 일어난다.

육체적·정신적 고통은 어떤 예외적인 상황의 결과일 뿐 아니라 **삶 그 자체**일 수도 있다. 적십자는 초기의 부상자의 고통경감에서부터 그 활동영역을 넓혀 질병과 기아, 고독, 포로와 난민이 겪는 두려움, 노인이나 장애자가 겪는 격리와 외로움, 청소년의 절망에서 오는 고통에까지 관여하고 있다. 긴급구호와 간호가 적십자의 **고통경감**의 최우선적인 활동이라면 고통예방은 적십자운동 안에서 보건교육, 위생증진, 접종 캠페인, 영양, 삶의 조건 개선 등 다양한 형태로 나타나 국제적으로는 세계평화 증진으로 이어진다.

(2) 생명과 건강의 보호 및 인간존중

적십자운동은 생명과 건강을 보호하고 인간존중을 보장하기 위해 힘쓴다. 이러한 숭고한 목표는 **국제인도법**에도 분명하게 나타나 있다. 제네바협약은 분쟁에 더이상 가담하지 않는 전투원들과 적대행위에 관여하고 있지 않은 민간인들을 보호하고, 이들을 보호하기 위한 수단과 시설, 활동도 보호하고 있으며, 1977년 추가의정서는 전쟁 이행에 제한을 두고, **민간인**에 대한 공격을 금하고 있다.

생명과 건강의 보호와 인간존중은 적십자운동이 하고 있는 모든 활동의 기본 주제이고 주요 목표이다.

(3) 국제협력과 항구적 평화를 위해서 활동

'인도'의 원칙은 "모든 국민간의 상호이해, 우의, 협력, 항구적 평화를 증진시킨다"로 끝맺고 있다. 이 문장은 고통의 경감뿐 아니라 **예방**을 원하고 있음을 나타낸다. 국제적이거나 국내적이거나 분쟁은 어떤 형태로든지 무력을 사용, 인간에게 고통을 주고 생명을 위협한다. 평화증진의 과제가 '인도'의 원칙에 포함되어 있다는 사실은 상호이해와 우의, 협력, 항구적 평화에 대한 적십자운동의 기여가 '인도주의'와 인도적 활동에서 나옴을 말해준다.

1986년 국제적십자 정관은 적십자가 인도주의 활동과 이념보급으로 항구적 평화증진에 상당히 노력한다고 밝히고 있다. 이것이 1961년 연맹이 채택한 모토 "인도주의를 통한 평화(*Per humanitatem ad pacem*)"의 의미이다. 이 모토는 초기 정관에 수록되어 있는 모토 "전쟁 중에도 자비를(*Inter arma caritas*)"과 함께 나란히 실려있다.

2) 공평(Impartiality)

> 적십자는 국적, 인종, 종교, 계급 또는 정치적 견해에 대하여 어떠한 차별도 하지 아니하며 오직 개개인의 욕구에 따라 그들의 고통을 덜어주고, 가장 위급한 재난부터 우선적으로 다루기 위하여 노력한다.

(1) 인간평등과 동등한 대우

인간은 이성과 도덕, 책임감, 사랑을 갖고 있는 특별한 피조물로서 절대적인 가치와 존엄성을 지니고 있다.

"**모든** 인간은 존엄성과 권리에 있어서 자유롭고 **평등**하게 태어났다(1948, 세계인권선언)."

인종과 피부색, 언어, 성이 서로 다르고, 신앙과 인생의 철학, 정치적 신념, 사회적 지위, 교육, 문명, 지식, 경험, 능력이 각자 다르다는 사실과는 별도로 모든 인간은 존엄성을 갖고 있다. 인간의 존엄성은 모든 인간의 공통된 특성으로서 피조물의 존엄성에서 비롯되며, 인간의 생각이나 행위로 손상될 수는 있으나 파괴할 수는 없다.

수천 년의 세월이 흐르면서 인간평등의 길은 험난했다. 인간불평등의 극단적인 예인 노예제도가 사라졌다고 하지만 아직 인종, 종교, 성적 차별이나 박해는 도처에서 찾아볼 수 있으며, 한쪽에서는 복지와 사회보장, 풍요를 즐기고 있는데 다른 쪽에서는 빈곤해결의 전망이 보이지 않고 있다.

전쟁 희생자와 관련, 평등한 대우나 비차별 개념은 적십자운동 초기부터 나타났다. 뒤낭과 마을 부녀자들은 솔페리노 전쟁터에서 모든 부상병과 죽어가는 병사들을 국적에 상관없이 보살폈다. 1864년 제네바협약은 부상병이나 환자가 "어느 나라 소속이든지" 거두고 돌봐야 한다고 규정하고 있다. 1949년 제네바4개협약과 1977년 추가의정서에도 국제전, 국내전에서 동등한 대우와 차별금지를 규정하고 있다.

공평의 원칙에 규정된 동등한 대우는 전시나 평시를 가리지 않고 모든 보호, 구호, 치료활동에 적용된다. 고통받고 있는 개인은 어떤 차별도 받지 않고 평등한 방법과 수단으로 보호와 구호, 치료를 받아야 한다.

(2) 비례적 구호

'공평'의 원칙은 평등한 대우 또는 차별금지 외에 **비례**의 원칙을 들고 있다. 적십자는 구호를 함에 있어 욕구를 측정하여 가장 시급한 경우에 우선권을 주어야 한다. 욕구가 크면 클수록 구호도 이에 따라야 하며 가장 시급한 욕구에는 가장 신속하게 대처해야 한다. 환자, 어린이, 임산부, 노인들은 건강한 사람보다 우선적으로 보살펴야 한다. 제네바협약도 차별금지와 특정한 사람들에게 **우선권**을 줄 것을 여러 곳에서 규정하고 있다.

개인이나 집단에 대한 우선적 취급은 구호를 위한 자원이 제한되어 있을 때 특히 필요하다. 예를 들어 제2차 세계대전중 ICRC는 가용 자원과 가능성을 고려하여 법적 근거로나 실제 욕구로 보나 전쟁포로에게 우선적인 보호와 지원을 제공했으며, 스위스 적십자사는 한정된 자원을 고려하여 병든 아이들, 위기에 처한 아이들에게 지원을 집중했다. 어떤 집단을 택했더라도 그 중에서 우선권을 주어야 할 경우도 있다.

평등한 대우와 비례적 지원이 항상 시행되는 것은 아니다. 종종 기부금이나 기증물자가 지정기탁일 경우가 있기 때문이다. 2차대전 중 각국의 정부나 적십자사가 포로에게 배부할 구호품을 ICRC에 기탁하면서 자국 포로에게 배부를 한정하여 다른 나라 포로들은 아무것도 받지 못했다. 자연재해의 경우 구호물자가 남는 곳이 있는가 하면 부족한 곳도 있게 마련이다. 비지정기탁 물자와 기금을 갖고 이러한 불균형을 해소하는 것이 적십자의 임무이며 이 경우 언론도 상당한 도움을 줄 수 있다.

필요한 사람들에 대한 동등한 대우와 비례적 구호는 충돌 당사국 때문에 장애를 받거나 불가능하게 될 수 있다.

1960년대 **베트남전**에서 베트콩은 국제적십자의 구호활동을 완전히 막았기 때문에 적십자 구호는 베트남에만 제공될 수 있었다. **나이제리아 분리전쟁**(1967~70)중에도 욕구에 따른 비례적 지원은 정부에 의해 중단되어 분리지역이었던 비아프라는 더욱 비참한 상황에 처했다. 1978년부터 계속된 **아프간 분쟁** 희생자들에 대한 구호는 카불 정권의 방해로 이웃나라 파키스탄이나 인근 국경지대의 난민들을 대상으로 할 수밖에 없었다. **이란-이라크 전쟁**(1980~88)중 국제인도법은 무시되고 전쟁포로와 민간인에 대한 ICRC의 보호와 지원 활동은 많은 노력에도 불구하고 일부에게만 제공될 수 있었다.

(3) 공평

적십자의 공평성은 특히 분쟁으로 긴장상태에 있는 지역, 적십자 외에는 도움을 받을 길이 없는 지역에서 더더욱 잘 지켜져야 할 원칙이다. 적까지도 기꺼이 조건 없이, 차별 없이 포용하고 돕는다는 이 원칙이야말로 적십자운동의 위대함을 잘 나타내주는 특성이다.

공평한 도움은 언제 어디서나 중요하다. 분쟁시 공평한 자세는 충돌 당사국 적십자사 회원들에게 우선적 조건이면서도 항상 갖춰져 있기가 어려운 조건이기도 하다. 분쟁이나 소요시 해당국 적십자사는 전시의 선전으로 객관적 판단이나 공평의 원칙 적용이 힘들 경우가 많다.

이런 상황에서는 직접 관련되어 있지 않은 적십자운동 구성원들의 엄정한 중립적 역할을 기대해볼 수 있을 것이다. 우선적으로 제네바 협약에 "중립적 인도주의 기구"이며 공평의 보장을 제공하는 기구로 규정되어 있는 ICRC나 분쟁에 개입되지 않은 국가나 적십자사를 고려해볼 수 있다. 이러한 국가나 적십자사는 의료진을 파견한다든지, 포로를 돌보는 일, 민간인들에 대한 구호활동을 맡을 수 있을 것이다.

3) 중립(Neutrality)

> 적십자사는 모든 사람의 신뢰를 끊임없이 받기 위하여 적대행위에 있어서 어느 편에도 가담하지 아니하며, 어느 때든지 정치적 · 인종적 · 종교적 또는 이념적 성격을 띤 논쟁에 개입하여서는 아니된다.

(1) '중립' 개념의 본질과 다른 원칙들과의 관계

'중립'이라는 말은 라틴어의 이것도 아니고 저것도 아니라는 의미의 *ne-uter*에서 나왔다. 중립적인 단체나 운동은 분쟁이나 언쟁에 참여를 거절하고 어떤 간섭도 삼간다. 중립의 원칙은 적십자운동이 모든 사람의 신뢰를 계속 누리기 위해 항상 정치적 · 인종적 · 종교적 · 이념적 성격의 논쟁과 적대행위에 가담하지 않는다는 데 그 동기가 있다. 편을 들거나 관여하는 사람은 어느 한쪽을 속이거나 사이가 멀어져 신뢰를 잃을 수 있다. 국가나 경제세력은 그럴 수 있으나 아무런 권력이 없는 적십자사로서는 인도주의 임무를 수행하면서 모든 사람들로부터 신뢰를 받는 것이 절대적으로 필요하다. 관계당국과 주민 등 전반적인 신뢰가 있는 곳에서만 적십자는 방해받지 않고 분쟁과

재해 이재민을 도울 수 있다.

ICRC의 경우 제네바협약 체약 당사국 정부의 신뢰야말로 무력분쟁과 내란, 긴장상황에서 그 활동 수행에 가장 중요한 요건일 것이다. 연맹이나 영토 전역에 걸쳐 활동해야 하는 각국 적십자사도 마찬가지다. 신뢰는 정신적 힘으로서, 그 힘을 통해 적십자는 살고, 성장하고, 활동한다.

중립원칙 고수는 신뢰를 자아내고 유지함을 뜻할 뿐 아니라 **적십자운동**의 **단일성**과 **보편성**을 보장하는 수단이기도 하다. 중립원칙을 무시할 때, 적대행위에서 편들 때, 정치적 · 인종적 · 종교적 · 이념적 성격의 논쟁에 개입할 때 적십자사와 적십자운동 전체에 긴장과 분열, 반대를 불러일으킨다. 일반적인 신뢰와 마찬가지로 적십자의 단일성과 보편성은 세계적으로 공평하고 효율적인 인도주의 활동에서 기본 요건이다. 적십자가 언제, 어디서나 고통받는 사람을 돕고 '인도'의 원칙에서 언급된 "상호이해와 우의, 협력, 항구적 평화를 증진"시키는 세계적 공동체가 되려면 무력분쟁시나 평화시나 중립의 원칙을 엄격하게 따르고 지켜야 한다.

중립의 원칙은 **적대행위 참여**를 금하고 있다. 중립의 개념은 특히 국제인도법이 적용되는 국제적, 비국제적 무력충돌시의 적대적 행위에 적용된다. "적대적 행위"는 분쟁 당사자에 해를 가하는 행위를 말한다. 오늘날의 무력충돌에서는 좁은 의미의 군사적 행위(예를 들어 무기와 탄약의 수송, 군사뉴스 보도, 정찰) 참가뿐 아니라 경제적 · 이념적 전쟁 범주에 드는 행위도 포함된다. 그밖에 정부와 반도(叛徒) 사이에서 적어도 간헐적으로 무력이 사용되는 긴장이나 무질서처럼 국제인도법이 적용되지 않는 상황도 관계된다.

적대행위에 가담하지 않는 것은 ICRC나 연맹, 각국 적십자사가 엄격하게 지켜야 할 절대적인 규정으로서 국제인도법이나 적십자의 보호표장이 제공하는 인도적인 보호와 지원의 선행조건이다.

　중립의 원칙은 정치적·인종적·종교적·이념적 성격의 논쟁에 개입하지 말 것을 요구한다. 적십자는 정치와 전혀 무관하게 생겨난 운동이며, 비록 인도주의가 종교적인 뿌리를 갖고 있으나 종교나 교회와 아무 관련이 없다. 적십자 표장도 종교적 상징이 아니다. 적십자는 차별 없이 고통받는 인간을 돕기 때문에 인종주의와 거리가 멀다. 적십자는 어떤 사상이나 이념에 근거하지 않고 오직 자체의 인도주의 이념을 갖고 있는 것이다.

　개인이 어떤 경우에 관여하고 어떤 경우에 관여하지 않는가를 정하는 것은 쉬운 일이 아니다. 어려움은 적십자운동이 인도주의 이념에 근거하고 인도주의적 사명을 성취해야 한다는 사실에서 나온다. 인도주의 이념에 충실하고 인도주의 임무를 완수하기 위해서는 비록 논쟁거리가 정치적·이념적 측면을 갖고 있더라도 인도주의적 문제에 분명한 입장을 취해야 될 경우가 있을 것이다. 여기서 어떤 입장을 취한다는 것이 국제인도법의 적용과 이행이나 추가의정서 비준, 망명이나 난민정책, 예를 들어 자유를 박탈당한 사람들에 대한 고문과 비인간적 대우와 관련된 기본인권 존중처럼 적십자의 활동영역과 책임과 관련된 문제에 영향을 미칠 경우 정당하다.

　논쟁거리가 되는 인도주의적인 문제에 입장을 표명하는 것은 그 **활동형태**에 따라 전반적인 신뢰를 잃을 위험을 내포하고 있다. 직접적이지만 매우 신중한 접근방법이 ICRC나 각국 적십자사가 취하는 입장이다. 공개적으로 입장을 표하든지 일반인들에게 호소하는 것은 직접적인 개입이 실패할 경우에 한한다. 다른 단체가 주관하는 시위가 정치적 또는 이념적 성격을 지녔을 경우 참여하지 말아야 한다. 적십자는 독립적으로 있어야 하며 주장이 분명해야 한다.

앞에서 언급한 바와 같이 중립의 원칙과 단일, 보편의 원칙은 서로 관련이 있으며 특히 독립과 공평의 원칙과 관련이 있다. 국가나 국제기구, 정당, 교회, 경제세력에 대한 적십자의 독립 또는 자율성은 중립의 기본적인 조건이다. 독립성이 확고하면 할수록 중립성이 보증된다. 중립과 보편의 관계는 분명하다. 분쟁이나 논쟁에 개입하지 않는 중립적인 운동은 고통받는 개인에게 온 관심을 집중하고 아무런 차별 없이 고통의 정도에 따라 그를 도울 수 있다.

적십자운동은 항상 행동하며, 때로는 고도로 정치화된 상황에서도 행동하지 않을 수 없다. 적십자의 위대함이 바로 여기에 있는 것이다. 행동의 실패에 대해 그것이 "정치적 문제"였기 때문이라고 변명해서는 안 될 것이다. 오히려 어떤 상황에 대해서도 적십자 기본원칙에 따른 비정치적 해결방안은 있게 마련이다.

그러나 정치성을 띤 활동의 유혹을 피하는 것만으로는 충분하지 않다. 즉 "활동하지 않음(不爲)"으로 인해 비난받을 수 있는 또 다른 함정, 즉 독립성이 없는 중립을 간과하지 말아야 할 것이다. 적십자가 맡은 임무를 완수하기 위해 갖고 있는 모든 지식과 힘을 기울이지 않으면 실제로 적의 편을 드는 것이 되며, 도와야 할 사람 중 탈락되는 사람들이 언제나 나오게 된다. 그러한 "정치적 불위(不爲)"를 범하는 사람들은 종종 겉으로 드러내지 않고 진행하게 마련이다. 그러나 독립의 원칙을 철저하게 이해하고 실천하는 사람이라면 누구나 이것을 공평의 원칙의 극악한 위반으로서 비인간적인 처사로 볼 것이다. 인도주의 이념의 실천에는 많은 용기가 필요하다.

(2) 국제적십자위원회(ICRC)의 특수한 중립성

1986년 국제적십자헌장(제5조)은 ICRC를 "독립된 인도주의 기구"로 규정하고 있다. ICRC의 주요 임무를 열거하고 이어서 ICRC가 특별히 **중립적이고 독립적인 기구**와 **중재자**로서의 역할 안에서 인도주의적인 솔선을 할 수 있다고 규정하고 있다. 1949년 제네바협약에는 ICRC를 "공평한 인도주의 기구"로 규정하고 있다.

ICRC의 "특수한 중립성"은 이 기구의 "특수한" 중립성과 스위스적인 특성을 들 수 있다. ICRC의 위원(최대 25명)은 스위스 연방정부나 국제적십자회의에서 선출되지 않기 때문에 선출 당국의 영향하에 있지 않다. ICRC 재정을 가장 많이 부담하고 있는 스위스 정부나 또는 다른 정부나 적십자사도 ICRC에 결정적인 영향을 끼치지 않는다. ICRC의 **특성**은 ICRC 위원 전부와 직원의 대부분이 스위스인이라는 점이다. 게다가 1863년 설립 당시부터 그 본부를 제네바에 두고 있다. 따라서 ICRC는 스위스 정부와 밀접한 연관을 갖고 있으며, 스위스 정부는 국제적으로 인정된 **영세중립국**이다.

국제적·비국제적 분쟁이나 내란 또는 긴장상황에서 ICRC가 하고 있는 인도주의 활동에서 중립성은 기본조건이다. **현장** 대표들을 통해 ICRC는 분쟁 당사자들간에 또는 정부와 반란군 사이에서 **희생자**(부상자, 환자, 포로, 피억류자, 피추방자, 난민, 노숙자, 기아자 등)들에게 아무런 차별 없이 보호와 지원을 제공한다는 목적만으로 "특수한 중립적인 중재자"이다. 엄격한 중립만이 인간의 신뢰를 일으켜 보호와 지원 활동을 가능하게 해준다. ICRC가 갖고 있는 특수한 중립은 적십자 기본원칙의 수호자로서, 국제인도법 적용 및 발전의 감시자로서의 그밖의 활동에 필수적이다.

자선기관으로서의 특성과 중립성을 가진 ICRC는 그 인도주의 임무를 수행하는 데 있어서 신중한 방법을 사용한다. ICRC는 보호와 지원을 요하는 사람들만을 위해서 정부나 관계당국과 비공개적으로 일한다. ICRC는 공개적인 비판이나 심판역할을 하지 않는다. 그러나 비공개 접촉이 무시되고 공개적인 선언이나 대중에게 호소를 해야 할 상황이 있을 수 있다. 신중한 노력이 실패해 공표할 경우는 국제인도법의 심각한 위반이나 인권이나 인도주의의 일반원칙을 위반할 경우일 것이다. 이러한 결정을 내릴 경우 적십자운동의 입장이나 활동뿐 아니라 인도주의 활동의 장기적인 측면을 고려해야 할 것이다.

(3) 적십자사의 중립성

적십자사의 중립성은 그 정도에 있어서 ICRC만큼 단호하지 못하다. 왜냐하면 적십자사는 자국 정부의 인도주의 사업의 보조자로서 정부의 **승인**을 받아야 하기 때문이다. 이 승인을 통해 적십자사의 지위와 임무를 정부가 정하는 법령 형태로 정한다든지, 적십자 결의기구 대표, 재정지원 등에 의해 정부의 영향하에 놓인다. 이러한 정부와의 관계가 적십자사의 독립성이나 자율성을 제거하지는 않지만 한계로 작용할 수는 있다. 독립성이 줄어들수록 중립성도 따라서 줄어들어감을 볼 수 있다.

적십자사는 정부의 승인을 얻은 기구이기 때문에 국가적인 성격을 띠고 있으나 사람들과 광범위한 관계를 갖게 된다. 적십자사는 전국적으로, 각계 각층의 지원을 받아야 한다.

적십자사는 오랫 동안 평화시의 활동, 즉 재해구호, 인명구조, 헌혈, 간호사 양성, 노인과 장애자 간호 등 광범위한 인도주의적·사회복지·의료 활동에서 탁월한 능력을 발휘해왔다. 이런 활동에서는 분쟁이나 내란 상황에서의 보호와 지원에서보다 중립이 덜 중요하게 나타난다. 그러나 오늘날에도 차별 없이 분쟁 희생자에 대한 보호와 지원은 평화시에 미리 대비하여 준비하고 있어야 한다. 다른 인도주의 단체나 복지 단체와는 대조적으로 국제적십자운동은 결속과 단일을 보다 확실히 해야 한다. 따라서 중립은 적십자운동 구성원 모두에게 적용되는 기본원칙으로 남는다.

4) 독립(Independence)

> 적십자는 독립적이다. 각국 적십자는 그 나라 정부의 인도주의 사업에 대한 보조자로서 국내 법규를 준수하여야 하지만, 어느 때든지 적십자 원칙에 따라 행동할 수 있도록 항시 자율성을 유지하여야 한다.

독립의 원칙은 적십자운동과 각 구성체에 적용되는 독립성과 인도주의 분야에서 당국의 보조기능, 그리고 "어느 때든지 적십자 원칙에 따라 행동할 수 있도록" 적십자사의 충분한 독립성을 유지한다는 요소를 갖고 있다.

(1) 적십자운동의 독립
"정치적·종교적·경제적 독립"의 정의는 "적십자사 승인조건"에

관한 제17차 국제적십자회의(1948, 스톡홀름) 결의사항에서 채택되었으며, 1952년 국제적십자 정관에도 포함되었다.

독립은 적십자가 정부나 정치세력뿐 아니라 교회 등 종교운동과 경제세력으로부터 독립을 유지해야 한다는 사실을 나타내기 때문에 중요하다. 1965년 원칙선언에서는 "적십자는 독립적이다"라고 간단하게 표현했고 적십자사의 독립을 정부와의 관계에서만 보았지만 "종교적·경제적 독립"이야말로 중요했다. 왜냐하면 오랫동안 적십자가 국내·국제적으로 활약중인 "종교적인 구호기관"과 연관이 되어 있었을 뿐 아니라 재원조달 역시 사적인 재원에 의존할 수밖에 없었기 때문이다. 이런 필요성으로 적십자사는 예를 들어 후원을 받는 방식으로 민간기업과 관계를 가지면서 적십자의 독립성 보존이 위협을 받기도 했다.

적십자운동의 각 구성체는 각기 **다른 형태**와 **정도**의 **독립성**을 갖고 있다. 따라서 연맹과 ICRC, 각국 적십자사는 각기 평가되어야 한다. 독립의 관점에서 국제회의, 대표자회의 상치위원회에 대해서도 생각해봐야 할 것이다.

ICRC의 역사는 적십자운동 안에서나 정부, 국제기구, 교회, 경제세력 등 외부와의 관계에 있어서 그 독립성을 성공적으로 유지해왔음을 보여주고 있다. ICRC는 스위스 기구이기는 해도 스위스 정부로부터 독립적이다. 오랫동안 관대한 재정지원을 해오고 있음에도 불구하고 스위스 연방정부는 견해를 교환하거나 위원회 결정에 대해 견해를 피력하는 것을 넘어서 어떤 행정적인 통제를 행사한 적이 없다.

1986년 국제적십자 정관은 **연맹**을 각국 적십자사의 **국제적 연맹**으로 규정하고 있다. 연맹은 자체의 정관과 법인 성격을 띠고 있으며 "독립적인 인도주의 기구"이다. 연맹의 회원은 각국 적십자사이고 연맹의 목적은 적십자사의 인도주의 활동을 증진하는 것이기 때문에 연맹은 각국 적십자사로부터 독립적일 수 없다. 적십자사는 연맹을 지원하며, 총회나 집행이사회, 각종 위원회를 통해 의견을 형성하거나 결정하는 일에 참여한다. 만약 적십자사가 충분히 독립적이지 못할 경우 간접적으로 연맹에 영향을 줄 수 있다.

연맹의 독립성을 말할 때 적십자운동 안과 밖의 세계로 나누어 생각해볼 수 있다. 연맹은 ICRC가 연맹에 대해 독립적인 것처럼 ICRC에 대해 독립적이다. 정부나 유엔 등 국제기구와의 관계에서 연맹은 독립성을 유지하고 있다. ICRC와는 달리 연맹은 정부로부터 직접적으로 지원을 받는 경우가 별로 없기 때문에 정부가 연맹에 영향력을 행사하는 일은 없다. 정부는 적십자사를 통해 연맹을 지원한다. 기업도 마찬가지로 해당국 적십자사를 통해 연맹을 지원한다.

(2) 공공당국의 인도주의 사업에 대한 보조자로서의 적십자사

"공공당국 보조자"의 기능은 본래 군 의료활동 지원에서 비롯되었으나 오늘날에는 무력분쟁뿐 아니라 평화시에도 광범위한 인도주의 임무에 있어서 공공당국의 협조가 포함된다. 따라서 적십자사는 국내 의료활동의 전체적인 조정을 지원하며 재해와 사고시 지원활동, 보건사업에서의 역할, 국제구호 등을 지원한다. 인도주의 분야에서 당국과 협력하거나 지원하는 것은 적십자사의 기본 기능이나 그렇다고 해서 적십자사가 정부와는 독립적으로 자유롭게 활동을 선택할 수 없다는 뜻은 아니다. 그 어느 경우에도 적십자사는 기본원칙에 따라서 활동해야 한다.

많은 나라에서 적십자사의 지위와 활동, 권리를 법령으로 규정하고, 협력과 상호지원을 협정으로 정하고 있다. 이 법령과 협정은 적십자사의 정관이나 규정이 관계당국의 승인을 얻어야 한다든지, 총재와 그밖의 임원들을 정부가 임명하거나 적어도 승인을 거치게 될 수 있다. 이러한 관여 외에 정부는 적십자 활동을 지원할 수 있는데 이것 또한 적십자사의 사실상의 의존이 되어 적십자사는 절대적 독립이 아닌 **상대적 독립**으로 남게 된다.

(3) 항상 기본원칙에 따라 활동할 수 있을 정도의 독립

기본원칙과 정관은 인도주의 사업에 있어서 당국을 지원하는 임무를 주었을 뿐 아니라 적십자사가 독립적이고 자율적이기를 요구하고 있다. 적십자사 승인조건에는 "기본원칙에 따라 활동할 수 있도록 자율적인 지위를 가져야 한다"고 되어 있다. 독립의 원칙에도 같은 내용이 있다. 즉 "각국 적십자사는… 적십자 원칙에 따라 행동할 수 있도록 항시 자율성을 유지하여야 한다." 따라서 각국 적십자사는 스스로 결정하고 활동할 수 있을 정도의 독립성을 가져야 한다. 적십자사는 정부 행정기구의 연장일 수 없으며 정부의 대변인일 수 없다.

적십자사는 기본원칙에 맞지 않는 임무를 거부할 자유가 있어야 하며, 반대로 정부가 못마땅해 하더라도 원칙에 따라 보호와 지원 활동을 수행해야 한다. 적십자사에는 인도주의의 목소리를 내되 정부와의 관계를 해치지 않게 해야 하는 어려움이 있다.

적십자사가 충분히 독립적이기 위해서는 원칙과 규정뿐 아니라 적십자사를 이끌고 가는 사람들과 적십자사의 수준도 중요하다. 적십자 정신이 투철하고 용기 있는 사람들만이 적십자사의 독립성을 유지해

나갈 수 있다. 따라서 정부가 파견하는 사람들보다는 자체적으로 선출하는 것이 바람직하며, 되도록이면 다양한 계층, 분야를 대표하는 사람들로 구성되는 것이 좋다. 무엇보다 재정적인 자립이 선결되어야 한다.

5) 봉사(Voluntary Service)

> 적십자는 어떠한 형태로든지 이득을 추구하지 아니하는 자발적 구호운동이다.

'봉사'의 원칙에는 **자발적** 가입과 **헌신적**인 활동 등 두 가지 요소가 있다.

(1) 자발적 성격

시초부터 지금까지 봉사는 적십자운동에서 결정적 요소가 되어왔다. 솔페리노 전쟁터에서 앙리 뒤낭 자신이 '봉사원'이었으며 주민들로 이루어진 '봉사원들'의 지원을 받아 활동했다. 뒤낭은 그의 저서 《솔페리노의 회상》에서 전시에 부상병을 도울 수 있도록 헌신적이고 자격 있는 봉사원들로 구호단체를 만들 것을 제안했다. 1863년 국제회의 결의사항을 보면 "자발적 의료요원"의 훈련과 지도 및 배정을 필요로 하고 있다. 제네바협약에서는 1차적으로 적십자사가 속한 "자발적인 구호협회"에 대해 언급하고 있다. 적십자사 승인조건 역시 적십자사를 "자발적인 원조기구"라고 묘사하고 있다.

여기서 '봉사'는 무엇보다도 적십자 회원 가입과 활동 참여가 강제가 아니고 **자유로운 결정과 선택**이라는 점이다. 정부가 적십자사에게 어떤 사업을 강요한다면 이것은 봉사의 원칙과 어긋난다. 자발적 회원 가입과 적십자인들 간의 협력 또한 적십자사의 자율성과 민간단체의 성격을 부각시킨다. 자원봉사 활동과 적십자사의 독립 사이에는 긴밀한 관계가 있다. 적십자 사업이 법적 의무에 근거하고 그 활동 완성을 정부가 감독한다면 독립은 불가능하다. 그러므로 적십자사를 "자발적인 구호단체"로 규정하고 있어 정부가 설립하지 않은 민간기구로서 어디까지나 독립성과 자율성을 향유하고 있는 것이다.

'봉사'의 원칙은 적십자 회원 가입이 자유로운 결정에 따라 이루어지는 것뿐 아니라 행해지는 활동이 무료라는 점이다. 좁은 의미의 '봉사원'은 보상을 바라지 않고 활동하고 봉급을 받지 않는 모든 사람들을 가리킨다. 대가를 바라지 않는 것은 자기 직업이나 일이 있고 여가에 자발적으로 적십자 활동을 하는 것을 말한다. 각 적십자사마다 이러한 봉사원들을 많이 확보하고 있으며 이들이야말로 적십자운동의 힘이다.

적십자에는 좁은 의미의 '봉사원' 외에 넓은 의미의 봉사원, 즉 전문적으로 전업으로 일하는 사람들이 있다. 이들도 적십자에서 전문활동을 하겠다고 자유롭게 선택했다는 의미에서 '봉사원'이라고 볼 수 있다. 무보수로 일하는 사람들도 일에 대한 의무가 있기는 하나 그 정도는 전문 직원들이 훨씬 높다. 적십자는 전문성이 없이는 부과된 임무를 다할 수 없으며, 헌혈자, 응급처치원, 구호요원 등 수많은 무보수의 자원봉사자들 없이 할 수 없는 일도 많다. 청소년적십자운동도 많은 자원봉사자들을 필요로 한다.

비전문적이지만 적극적인 '봉사원'들을 많이 확보하는 것은 매우 도움이 된다. 특히 인력 운영면에서 큰 재해가 일어났거나 무력충돌 시에는 많이 동원하거나 새로 모집하고 그렇지 않을 때는 신축적으로 운용할 수 있는 이점이 있다. 봉사원들의 참여는 적십자를 포함, 현대의 단체들이 빠지기 쉬운 관료성, 기술만능주의, 계급제도, 상투적 요소를 인도주의로 견제한다.

봉사원과 직원 간의 협력에는 외부로부터 전문적인 경험을 받아들일 수 있다는 이점이 있으며, 결의기구의 경우 특히 그렇다. 봉사원의 숫자가 많다는 것은 적십자가 그만큼 대중화되고 인기가 있다는 뜻도 된다. 전문 직원들로만 움직이는 단체는 일반대중의 호응을 이끌어내기 어렵다.

직원들과 봉사원들 간의 협력이 잘 이루어지기 위해서는 적십자가 추구하는 목표와 각 개인, 그룹의 당면과제, 책임과 의무, 직원과 봉사원의 관계 등에 대한 충분한 사전 교육과 안내가 있어 소속감, 협력을 바탕으로 함께 일하는 분위기가 조성되어야 할 것이다.

선진국의 추세는 퇴직자 봉사원들이, 개발도상국에서는 봉사활동 자체가 교육의 기회이기 때문에 청소년들의 참여도가 높다. 어느 경우든지 적십자는 양적으로뿐 아니라 질적으로도 봉사원들의 잠재력을 강화해야 한다.

(2) 적십자활동의 헌신적 성격

'봉사' 원칙에는 적십자운동에의 자발적 가입과 그 안에서의 협력요소 외에 봉사원과 직원이 하는 활동에 있어서 무사욕(無私慾)의 요소가 있다. 사욕이 없다는 것은 봉사원이나 직원이 적십자 활동을 함에 있어서 자신의 이득을 추구하지 않고 적십자의 목표, 즉 고통받는 사람이나 위험에 처한 사람에게 보호와 지원을 제공한다는 목표만을 위해서 일한다는 뜻이다. 적십자 종사자들은 보호와 지원이 필요한 사람들을 위해 맡겨진 자원을 관리, 사용하는 수탁자들이다.

인간의 고통 경감과 예방에 대한 헌신적 개입은 적십자사나 그 종사자들이 자기보존이나 자아확인에 관심을 갖지 말아야 한다는 의미가 아니다. 무사욕은 자기포기나 자기희생과 비교할 수 없다. 지나친 헌신 외에도 지정 기탁된 자금을 용도 외에 사용한다든지, 물자나 기금을 긴급구호에 쓰지 않고 쌓아두는 것, 자기네끼리 재정적인 특혜를 나누는 것도 검토되어야 할 문제이다.

적십자가 모든 사람, 특히 가난한 사람, 아무런 방도가 없는 사람을 지원하려면 무료로 지원할 수밖에 없다. 포로나 수감자, 노숙자, 난민처럼 모든 것을 빼앗긴 사람들에게 실제적 관심을 보이는 것이 중요하다.

봉사기관이라고 해서 운영상의 효율성이 간과되거나 너무 낮은 임금이 당연시되어서는 곤란하다. 그 어느 문제도 최종적으로는 적십자의 목표와 연관지어서 분석하고 판단해야 할 것이다. 또한 봉사가 반드시 소리 없이, 남모르게 해야 하는 것은 아니다. 오히려 그 반대로 지나치게 과장되거나 오도하지 않는 홍보는 필요한 인적, 물적 자원을 확보하는 데 필수적이다.

6) 단일(unity)

> 한 나라에는 하나의 적십자사만이 존재할 수 있다. 적십자사는 모든 사람에게 개방되어야 하며, 그 나라 영토 전역에 걸쳐서 맡은 바 인도주의 사업을 수행하여야 한다.

'단일'의 원칙은 (1) 한 나라에 하나의 적십자사, (2) 회원 모집에 있어서 차별하지 않고 개방, (3) 영토 전역에 걸친 인도주의 활동 등 세 가지 요소를 갖고 있다. '단일'이라는 말은 이 원칙의 내용 가운데 일부만 표현하고 있으며, 결속이나 일치의 뜻으로 쓰일 때가 많다.

(1) 한 나라에 하나의 적십자사

이미 1863년 회의 결의사항에서 군 의료활동 지원을 위해 각 나라에 하나의 구호협회를 둔다고 정했다. 1986년 국제적십자 정관 제4조의 적십자사 승인조건에 따르면 한 나라에는 하나의 적십자사만이 승인될 수 있으며 이 적십자사의 중앙기구만이 적십자운동의 다른 구성체와 관련해 적십자사를 대표할 수 있다. 시초부터 적십자사 승인조건에 한 나라에 하나의 적십자사만 있어야 하고 이 적십자사는 중앙기구의 지도를 받으며 이 기구가 대외적으로 적십자사를 대표한다고 못박은 데는 두 가지 이유가 있다.

특성상 영토 전역에 걸쳐 활동하고 다양한 계층을 상대로 활동하는 적십자사로서는 어떤 통일된 원칙과 지침, 즉 **단일**의 원칙을 필요로 한다. 또 한 가지는 적십자사는 국제적십자운동의 일원이며 운동의 구성체인 ICRC나 연맹, 다른 적십자사와의 관계를 유지해야 하며, 국

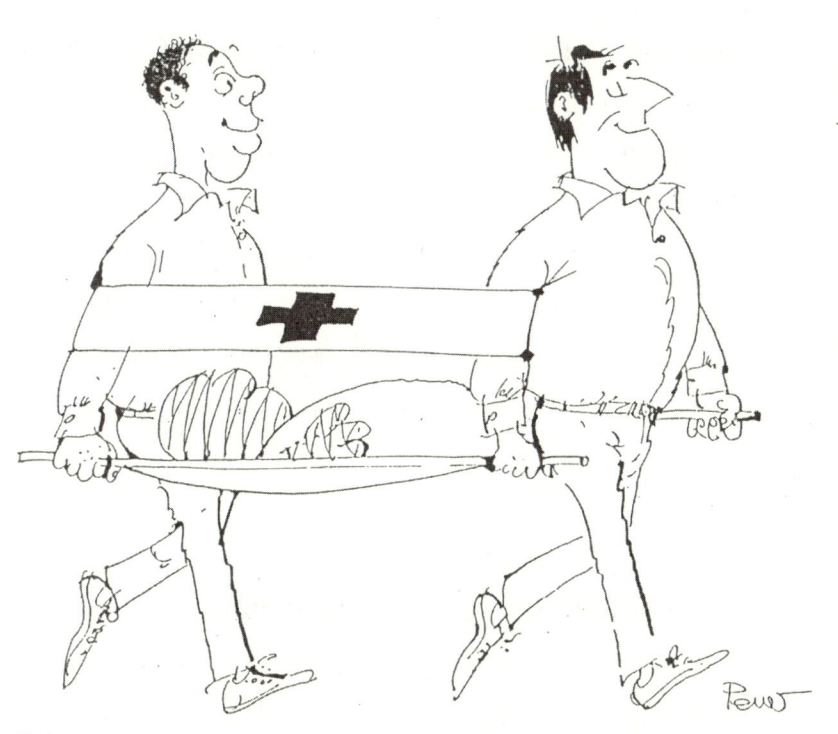

제회의 참여 또한 일관성 있게 중앙기구가 대표해야 한다. 이러한 국내외적 통일성과 단일성은 적십자사의 효율성과 신뢰에 있어서 필수적이다.

중앙기구가 먼저 설립되고 지방으로 조직이 확산된 적십자사들이 있는가 하면 지방조직들이 모여 연합체를 구성한 적십자사들도 있다. 어느 경우나 통일된 원칙, 단일의 원칙과 지침, 적십자 표장의 사용규정은 엄격하게 적용되어야 한다.

한 나라에 하나의 적십자사만이 존재하더라도 1949년 **제네바협약**은 **다른** "자원봉사기구"나 "인도주의 단체"를 정부가 승인하여 군 의료활동을 지원하거나 보호받는 민간인이나 포로들을 지원할 수 있다고 규정하고 있다. 비록 적십자사라는 이름이 여러 번 따로 거명되고 특히 제1협약 제26조와 제1추가의정서 제81조에서 거명되었더라도 독점지위라는 뜻은 아니다. 주어진 상황에서 승인되고 권한을 받은 다른 인도주의 단체들과 함께 활동한다.

(2) 회원, 봉사원 모집과 직원채용에 차별을 두지 않는다

'단일'의 원칙에서는 적십자사는 **모든** 사람에게 개방되어야 한다고 간단히 말하고 있으나 1986년 국제적십자정관 제4조의 적십자사 승인조건에는 구체적으로 인종, 성별, 계급, 종교, 정치적 견해에 대한 고려 없이 봉사원과 직원을 모집해야 한다고 밝히고 있다. 이에 따라 여기서의 차별금지는 '인도'와 '공평'의 원칙과 일치한다. '공평'의 원칙과 다른 점이 있다면 '국적'에 대한 언급이 없는데 이것은 외국인을 봉사원이나 직원으로 받아들이는 여부는 각국 적십자사가 결정하도록 했기 때문이다.

적십자사가 모든 사람에게 개방되어야 한다는 것은 전국적이고 다양한 계층의 사람들이 참여해야 하는데 국한되지 않고 **의사결정** 참여가 민주적이어야 한다는 것을 뜻한다. 일부 소수가 정책결정권을 행사한다면 인도주의와 인간평등 개념에 위배된다.

(3) 영토 전역에 걸쳐 인도주의 활동 확대

적십자사가 **영토 전역에 걸쳐** 인도주의 활동을 수행해야 한다는 조건은 그 나라에 하나의 적십자사만이 있어야 한다는 것과 연결된다. 적십자사 승인조건에도 포함되어 있는 이 조건은 적십자사가 자국에서 **전반적이고 보편적인 인도주의 활동**을 할 것을 요구하고 있는 '인도'와 '공평'의 원칙에 근거한다.

적십자사가 영토 전역에 걸쳐 활동하려면 **지사나 지부**가 설치되어야 한다. 지사나 지부는 봉사원이나 직원, 후원자를 모집하는 일뿐 아니라 특정 지역이나 계층, 집단의 욕구에 맞는 활동을 추진할 수 있다. 그러나 전국적인 네트워크가 제대로 형성되지 않은 나라가 많아 체계적인 발전계획이 시급하다. 지사나 지부가 없는 지역에 재해가 발생할 경우 본사나 이웃의 지사가 대신할 수밖에 없다.

7) 보편(universality)

> 국제적십자운동은 범세계적이며, 그 안에서 모든 적십자사는 동등한 지위를 가지고 서로 돕는 데 있어서 동등한 책임과 의무를 진다.

'보편'의 원칙은 (1) 적십자운동의 세계적 특성과 그에 따른 활동, (2) 각국 적십자사의 동등한 책임과 지위, (3) 적십자사간에 서로 도울 의무와 그에 의한 국제적인 결속 실행 등 세 가지 요소로 되어 있다.

적십자운동이 보편적이고 범세계적이려면 각국 적십자사가 동등한 지위와 의무를 갖는 것은 필수적이다.

(1) 세계적인 운동

적십자운동의 세계적인 성격은 이미 1863년 결의사항에 잘 나타나 있다. 즉, 각 나라는 군 의료활동을 지원할 **국내 단체**를 설립하고, 그 단체는 국제적인 모임에서 만나 서로의 경험을 교환하고 필요한 조치를 협의하며, "분쟁 당사국"의 구호단체는 "중립적인 나라"로부터 지원을 요청할 수 있다.

적십자운동의 보편성은 **국제인도법의 보편성**과 밀접한 관련이 있다. 적십자사는 제네바협약이 유효한 국가의 영토 내에 조직되어 있고 제네바협약에 따른 구호단체로서 정부의 사전 승인을 받아야 ICRC로부터 승인을 받을 수 있다. 따라서 적십자의 보편의 원칙에서는 제네바협약이 모든 나라가 가입할 수 있도록 개방된 협약이라는 점이 결정적이다.

적십자의 보편성은 지리적으로 전세계적인 확장만 의미하는 것은 아니다. 적십자사 승인조건과 기본원칙에 따라 그 나라 영토 전역에 걸쳐 활동해야 적십자의 단일성이 보존되고 실제적으로 보편적인 특성을 갖게 된다. 그러므로 적십자사가 구성되면 내부적인 보편성이 이루어지도록 적십자 정신과 비차별, 인도주의 등 적십자의 근간을 이루는 내용들을 적극 보급하는 것이 ICRC와 연맹의 의무이다.

적십자사의 첫번째 의무는 자국 영토 내의 주민들을 위해서 일하는 것이다. 개발도상국 적십자사들 중에는 자국 영토 내에서 적십자 기본원칙을 충분히 지키지 못하고 있을 뿐 아니라 다른 적십자사를 돕는 국제적인 결속 부문이 특히 미약한 곳이 있다. 그러나 178개 적십자사 외에 ICRC와 연맹은 전세계에서 이러한 부족한 부분을 채워줌으로써 적십자운동의 세계적인 특성을 강력하게 지원하고 있다.

(2) 모든 적십자사는 동등한 권리를 갖는다

1921년 ICRC가 그 정관에 소개한 기본원칙 요약에 보면 '공평'과 '독립'의 원칙을 "적십자의 보편성과 그 구성원들의 평등성"으로 보완했다. 그 당시 회원사의 평등에 대한 규정은 매우 중요했다. 왜냐하면 그 즈음에 설립된 연맹은 초기에 제1차 국제연맹과 마찬가지로 세계대전 당시 연합군을 구성했던 나라의 적십자사에게만 가입이 제한되었으며 5개 승전국 적십자사에게는 특별한 지위를 주었던 것이다.

적십자 정신에 위배되는 이러한 조치는 곧 없어지고 1952년의 국제적십자 정관에 "동등한 지위"를 언급한 기본원칙 요약이 포함되었다. 1965년 기본원칙이 선언되면서 모든 적십자사는 **동등한 지위**와 **동등한 책임**과 **의무**를 진다고 밝히고 있다. 동등한 지위는 국제회의에서 한 적십자사에 "하나의 투표권"으로 1986년 정관에 규정했다.

개인이나 국가처럼 적십자사마다 회원 수나 재정, 활동영역이 서로 다르지만 동등한 지위와 권리를 갖는 것은 주권국가의 동등한 권리를 그 헌장에 규정한 유엔의 방침을 따랐다.

인간의 평등, 특히 **고통에 있어서의 평등**이야말로 적십자사의 평등과 동등한 권리를 잘 설명해주고 있다. 적십자사의 평등과 동등한 권리는 적십자사의 **독립성**에 기초한다. 적십자사의 투표권에 등급이 있거나 다수의 적십자사가 소수의 대형 적십자사의 지배하에 놓여 있다면 기본원칙에서 요구하는 적십자사의 독립성과 배치된다. 그러나 실제적으로 힘있고 경험이 있는 적십자사가 약하고 경험 없는 적십자사보다 더 영향력을 행사하는 것은 사실이다. 이러한 현실은 적십자가 추구하고 있는 인도주의 이념을 구현해나가는 도중에 나타나는 것이며, 강한 적십자사는 어디까지나 약한 적십자사의 평등성을 존중하고 동등한 지위를 이룩하도록 도와야 할 것이다.

(3) 결속의 의무

'보편'의 원칙에 따르면 각국 적십자사는 "서로 도울" **의무**를 진다. 적십자사 승인조건 중 아홉번째는 적십자운동 구성원(ICRC, 연맹, 각국 적십자사)과 **협력**할 것과 결속에 참여할 것을 적십자사에 요구하고 있다. 국제적십자 정관 제3조에서 각국 적십자사는 **국제적**으로 무력분쟁과 자연재해, 그밖의 위급한 경우 그 자원 한도 내에서 희생자들을 지원해야 한다고 규정하고 있다. 이러한 지원은 해당 적십자사나 연맹, ICRC가 조정하거나 제공한다.

이밖에 적십자사는 자매 적십자사의 **발전**에 기여해야 한다. 제3조는 발전계획에 대한 협력의 목적을 적십자운동을 전체적으로 강화시키기 위함이라고 규정하고 있다. "적십자 가족"이라고 부르기도 하는 자매 적십자사간의 **결속**은 결코 **빈 말**이 아니다. 지난 반세기 동안 무력분쟁시나 자연재해시 국제원조는 그 양이나 질 면에서 큰 성과를 얻었다. 욕구에는 충분히 부응하지 못하고 있기는 하지만 발전계획 분야에서도 전체적으로 보아 많은 진전이 있었다.

국경을 넘는 결속의 강화는 ICRC와 연맹, 그리고 많은 적십자사들의 잘 계획되고 우수한 조정력 때문에 이루어졌다. 그러나 결속 성취는 무엇보다도 직접 또는 간접적으로 세계 도처에서 도움을 요청하는 기다림에 부응한 정부와 언론, 일반인들의 기여에 힘입었기 때문일 것이다.

3. 보급

앞에서 말한 일곱 가지 원칙이 적십자 정신이나 지침을 완전하게 표현했다고 볼 수는 없다. 그럼에도 불구하고 등대가 항로의 세밀한 부분까지 전부 다 보여주지는 못하는 것과 마찬가지로 이 원칙도 그 적용과 해석이 필요할 때마다 진로를 인도해주는 데 필요 불가결한 빛이다.

적십자 원칙은 이해하는 것으로 충분치 않다. 우리는 문자적 표현을 넘어서 그 안에 담겨져 있는 풍부한 지침을 발견하고 익혀서 우리 일상생활에, 하루 하루의 활동 속에 자연스럽게 적용되도록 해야 할 것이다.

전세계적으로 적십자가 기본원칙과 국제인도법을 보급하는 것은 사실 잠재적 희생자가 되는 것을 막기 위한 대규모 **예방조치**라 하겠다. 2차대전 이후 유럽에서 발생한 가장 참혹한 전쟁인 구 유고 내전 당시 전쟁의 포화 속에서도 국제적십자위원회(ICRC)가 현지 언어들로 각종 자료들을 마련하여 정부와 군대, 민간인들에게 보급한 것도

희생자를 줄이기 위한 예방조치의 하나였다.

결국 국제인도법과 기본원칙은 평화에 기여함으로써 인류 전체에 이바지함을 목적으로 한다. 국제인도법이 분쟁 발발에서 존중될 경우, 보다 용이하게 분쟁 당사자들간에 화해와 평화를 가져오게 할 것이라는 데는 논쟁의 여지가 있다. 그러나 평화의 이념은 무엇보다도 적십자 기본원칙에 담겨 있으며, 이것이야말로 적십자의 윤리라고 부를 수 있을 것이다.

많은 사람들은 비록 그들이 그 어려움을 알고 있고, "만약의 경우" 전쟁상황에 대한 대비가 되어 있다 할지라도, 인도의 원칙을 강구하면서, 충돌을 방지해줄 평화를 원한다. 국제인도법을 보급하는 일은 단지 국제인도법 위반을 방지하는 것일 뿐이다. 때문에 기본원칙을 보급하고 그 원칙에 따라 행동하는 것이야말로 충돌을 방지하는 데

도움이 된다. 여기서도 주지해야 할 것은 개인적 이해관계가 인도주의 전체를 해칠지도 모른다는 점이다.

적십자 기본원칙은 적십자운동의 성격과 적십자인의 자세와 신조를 규정하는 것으로 140년 동안 이 운동을 이끌어온 도덕률이기도 하다. 따라서 각종 행사에서 낭독하거나 인쇄물이나 액자 속에 넣어두는 데 그쳐서는 안 될 것이다.

흔히 좋은 일이면 다 적십자사가 한다고 생각하는 적십자회원들이 많이 있다. 한정된 재원과 인력에 비추어서 우선순위를 정할 때면 항상 더 위급한 상황, 더 고통받는 사람들을 도와야 한다는 기본원칙이 적용되어야 한다. 또한 무보수와 자원봉사를 혼동하는 경향이 있는데 오늘날 보다 전문성을 요하는 분야에서 상근 전문요원을 필요로 한다는 점을 기억해야 할 것이다. 적십자가 이윤을 추구하는 기관은 아니지만 수혈이나 치료 등을 제공함에 있어 적십자가 파산하지 않고 계속 어려운 사람에게 도움을 제공할 수 있을 정도의 적정 비용은 들여야 할 것이다.

한편 인도주의 단체의 직원이나 회원으로 일하고 있는 사람에게는 오히려 더 엄격한 기준이 적용되어야 하는데도 흔히 인도주의를 내세워 자신이나 동료들에게 관대한 것을 볼 수 있다. 그러나 적십자 원칙은 적십자인의 생활과 선택을 용이하게 하기 위하여 제정된 것이 아니라 어디까지나 피해자, 고통받는 사람들에게 보다 나은 도움을 제공하기 위한 것임을 명심해야 할 것이다.

제4장
국제적십자 기구와 활동

국제적십자운동은 전세계 178개국에 설립된 적십자사 및 적신월사와 제네바에 본부를 둔 두 개의 기구, 즉 국제적십자위원회와 국제적십자사/적신월사 연맹으로 구성되어 있다. 일반인들은 이러한 구분 없이 국제적십자로 받아들이거나 또는 그냥 적십자로 받아들이고 있다.

국제적십자운동은 다음과 같은 구성체로 이루어져 있다.

⟨1⟩ 국제적십자위원회(International Committee of the Red Cross-ICRC) : 국제적십자운동 창설기구
⟨2⟩ 국제적십자사연맹(International Federation of the Red Cross and Red Crescent Societies) : 모든 적십자사, 적신월사의 연합체
⟨3⟩ 각국 적십자사 / 적신월사

국제적십자운동의 이념과 활동의 요강(要綱)을 정하고, 적십자운동을 구성하고 있는 각 기구들을 연결시켜주는 데 있어서 필수적인 법정기구로 다음의 세 가지가 있다.

⟨1⟩ 국제적십자회의(The International Conference of the Red Cross and Red Crescent)
⟨2⟩ 대표자회의(The Council of Delegates of the International Red Cross and Red Crescent Movement)
⟨3⟩ 상치위원회(The Standing Commission of the Red Cross and Red Crescent)

1. 국제적십자운동 구성체

1) 국제적십자위원회
(International Committee of the Red Cross-ICRC)

(1) 역사적 배경

ICRC의 역사는 곧 적십자운동의 역사이다. 1859년 이탈리아 통일 전쟁 당시 이탈리아 북부 솔페리노 전쟁터에서 그 참상을 목격한 스위스 청년 실업가 앙리 뒤낭은 마을 부녀자들과 함께 부상자들을 돌보았다.

제네바로 돌아와 이때의 경험을 기록, 《솔페리노의 회상(*A Memory of Solferino*)》을 출간했다. 뒤낭은 이 책에서 부상자와 이들을 돌보는 사람은 중립으로 간주하여 보호받도록 하는 어떤 국제적인 협약을 만들 것과 전시에 부상자들의 치료활동을 지원할 구호단체를 평시에 설립할 것을 제안했다. 이 제안을 받아들인 제네바의 5인위원회가 '부상자 구호를 위한 국제위원회(International Committee for Relief to the Wounded)'를 설립했으며, 또 하나의 제안은 1864년 제네바협약 체결

제네바에 있는 ICRC 본부.

로 구체화되었다.

(2) ICRC의 역할

─**중립적 중재**: ICRC는 중립적이고 독립적인 기구로서 무력분쟁이나 내란시 군인, 민간인 구분 없이 분쟁 희생자들에게 보호와 지원을 제공한다. 위원은 전원 스위스인으로서 법적으로는 스위스 기구이지만 그 임무와 역할은 국제적이다.

─**신생 적십자사 승인**: 신생 적십자사가 연맹 회원국으로 가입하려면 ICRC의 승인을 받아야 하며, 승인을 받는 데는 열 가지 조건을 갖추어야 한다(p.165 참조).

─**주도권**: ICRC는 중립적이고 독립적인 기구로서 요청이 있을 때

제2차 세계대전(1939~45)중 폐허가 된 뮌헨 현장의 ICRC 대표.

까지 기다리지 않고 자발적으로 활동에 개입할 수 있다.

　―**적십자 원칙의 수호**: ICRC는 국제적십자운동 기본원칙을 수호하고 발전시킨다.

　―**제네바협약의 보급·발전** : ICRC는 제네바협약을 보급하고 발전시키며, 적용하도록 할 책임을 갖는다.

(3) ICRC 활동의 법적 근거

　ICRC 활동은 현재 거의 전세계의 국가가 가입하고 있는 제네바협약과 약 3분의 2가 가입되어 있는 제네바협약 추가의정서, 그리고 국제적십자운동 정관과 국제적십자회의 결의사항에 그 근거를 두고 있다. 이것을 요약하면 다음과 같다.

- 제네바4개협약과 제I추가의정서에서 국제사회는 ICRC에게 국제적 무력분쟁시의 역할을 부여했다. 특히 ICRC는 전쟁포로와 민간인 수감자를 방문할 권리를 갖고 있다. 제네바협약은 광범위한 주도권(Right of Initiative)도 부여하고 있다.
- 비국제적 무력분쟁시에도 ICRC는 제네바4개협약이 부여하는 주도권을 행사한다.
- 내란이나 소요사태 및 인도주의 활동이 정당화되는 상황시 ICRC는 국제적십자운동 정관이 인정하는 인도주의적 주도권을 갖고 활동한다.

(4) 주요 활동

자유를 박탈당한 사람들을 위한 활동

ICRC는 국제적 무력분쟁시 자유를 박탈당한 사람, 즉, 제네바제3협약 제4조와 제I추가의정서 제44조에서 의미하는 전쟁포로와 제4협약으로 보호받는 사람, 즉 민간인 피억류자, 점령군에 의해 구속된 사람, 적의 수중에 있는 피억류자들을 방문한다. 제네바협약 공통 3조와 제II추가의정서가 규정하는 비국제적 무력분쟁시 ICRC는 분쟁으로 자유를 잃은 사람들을 돕는다. 국제인도법에 포함되지 않는 내란이나 소요사태시에도 관련 피억류자들을 방문할 수 있다. ICRC의 방문 목적은 구속사유가 아니라 피억류자가 인간적인 대우를 받고 있는가를 보기 위한 것이며, 필요한 경우 구호품을 제공하기도 한다. 때로는 피해자 가족을 지원하기도 한다.

제1차 세계대전중의 심인활동.

심인활동/중앙심인국

1870년 보불전쟁 당시 설치된 중앙심인국(p. 177 참조)은 무력충돌로 헤어졌거나 실종된 가족들의 생사를 확인하여 연락을 취할 수 있도록 하는 것 외에 이산가족이 재결합하도록 돕는 일과 여행증명서를 발급해주는 일을 한다. 특히 무력충돌로 우편업무가 중단된 상황에서 ICRC는 서신교환 업무를 대행해주며, 전쟁포로를 비롯한 피억류자들과 가족들 간의 서신교환을 위해 일정 양식을 사용하고 있다 (p. 158 참조).

보건·의료 활동

ICRC의 보건·의료 활동은 물 공급을 비롯하여 무력충돌로 발생한

제2차 세계대전중의 중앙포로사업소, 제네바.

부상자, 난민들을 위한 위생활동, 보건·의료 시설에 대한 지원, 지뢰 피해자들을 위한 의수족(義手足) 장착(裝着) 사업 등을 들 수 있다. ICRC는 이를 위해 자체의 전문 의료요원들을 비롯하여 각국 적십자사가 지원하는 전문요원, 현지 요원 등을 분쟁지역에 투입하고 있다. 특히 지뢰 피해자들을 위해 베트남, 아프가니스탄 등 17개국에 30개소의 정형외과센터(Orthopaedic Workshop)를 설치하고 운영하여 연간 1만 2천여 명의 불구자들의 재활을 돕고 있다.

이밖에 예방적 차원에서 무력분쟁시 물이나 식량문제, 전상자 수술문제, 대인지뢰 문제 등에 관한 연구보고서 제작, 전문가회의 개최 등을 통해 세계인의 관심을 촉구하고 있다.

적십자 가족서신 용지.

1. ![Red Cross]		RED CROSS MESSAGE 적십자 멧세지

2. SENDER/ 발신인
Full name (as expressed locally)/ 성명(한글 또는 한자)
....
Date of birth/ 생년월일 .... Sex M/F 성 별 남/녀
Father's full name/ 부친성명　　　　　Mother's full name/ 모친성
....
Full postal address/ 우편주소　　　　Postal code/ 우편번호
....
..........Telephone/ 전화번호
....

3. ADDRESSEE/ 수신인
Full name (as expressed locally)/ 성명(한글 또는 한자)
....
Date of birth/ 생년월일 .... Sex M/F 성 별 남/녀
Father's full name/ 부친성명　　　　　Mother's full name/ 모친성
....
Full postal address/ 우편주소　　　　Postal code/ 우편번호
....
..........Telephone/ 전화번호
....

4.
INTERNATIONAL COMMITTEE OF THE RED CROSS/ 국제적십자위원회
19, av. de la Paix - CH - 1202 GENEVE

구호활동

전세계 50여 개국의 분쟁지역에서 난민을 대상으로 한 구호활동으로 그 전문성과 경험을 크게 인정받고 있는 ICRC는 중립적이고 독립적인 특성을 살려 정치적·인종적·종교적 견해의 차별 없이 제네바협약과 추가의정서가 부여하고 있는 중립적 중재자로서의 역할을 다하고 있다. 르완다·앙골라·코소보 등 주요 분쟁 현장에 구호요원을 파견하고, 구호물자를 공급하며, 상황에 따라 대규모의 난민촌을 운영한다. 난민들이 귀향하는 일과 생업에 다시 복귀할 수 있도록 기술지도를 하기도 한다.

국제인도법의 보급과 발전

ICRC는 무력분쟁 희생자를 보호하기 위하여 국제인도법이 제대로 준수될 수 있도록 일반인들은 물론 학계, 언론, 군대 등을 대상으로 하는 보급활동에 힘쓰고 있다.

보급의 일차적인 책임이 정부에 있고 또한 정부의 협조 없이는 ICRC가 그 활동을 원활히 수행할 수 없기 때문에 ICRC는 정부 부처 간 위원회(Inter-ministerial Commission) 구성 및 운영을 적극 권장하고, 국제인도법 전문가들을 확보하여 개별 국가 및 국제기구나 회의에서 꾸준히 인도주의 입장을 편다. 특히 전쟁 희생자 보호를 위한 국제회의(International Conference for the Protection of War Victims, 제네바, 1993. 8. 30~9. 1)를 비롯하여 1995년 10월 비엔나와 1996년 1월과 4월 제네바에서 개최된 재래식 무기에 관한 1980년도 유엔협정 재검토 회의(Review Conference of the 1980 Convention on Certain Conventional Weapons) 등을 통해 대인지뢰와 레이저 무기의 사용 제한 문제에 관해 각국 정부 대표들의 관심을 촉구하는 등 노력을 계속해오고 있다.

이밖에 제I추가의정서 제90조의 사실조사위원회(International Fact-Finding Commission)의 권한 인정을 제네바협약 체약 당사국 정부들에게 권유하고 있으며, 1995년 12월 제네바에서 개최된 제26차 국제적십자회의(The 26th International Conference of the Red Cross and Red Crescent)에서는 제네바협약을 비준하면서 유보조항을 둔 한국을 비롯한 국가들에게 유보할 당시와 오늘날 상황이 많이 달라진 만큼 유보조항을 재검토해줄 것을 요청하기도 했다.

2) 국제적십자사 연맹
(International Federation of Red Cross and Red Crescent Societies)

(1) 역사적 배경

제1차 세계대전이 끝나자 유럽은 일대 혼란에 빠졌다. 경제는 피폐하고 많은 사람은 전염병으로 죽었으며, 헐벗고 굶주린 수많은 난민들이 유럽 대륙을 방황하였다. 그 당시 불과 몇 나라에만 보건부가 있었으며, 대규모의 구호활동을 제대로 할 만한 국제기구도 없었다. 이 시기에 연맹의 탄생은 적십자 발전에 중요한 계기가 되었다.

미국적십자사 지도자의 한 사람인 헨리 데이비슨(Henry P. Davison)은 1919년 5월 프랑스의 깐느에서 개최된 국제의학회의에서 건강을 증진하고 질병을 예방하며, 고통을 경감시키기 위한 상설기구로 국제연맹에 필적하는 적십자사 연합체를 만들 것을 제의했다. 그의 제안

1919년 깐느에서 개최된 세계의학회의. 미국적십자사의 헨리(Henry P. Davison : 앞줄 오른쪽에서 세 번째)의 제안으로 연맹이 탄생되었다.

은 즉각적인 호응을 얻어 마침내 미국, 영국, 프랑스, 이탈리아, 일본 등 5개 적십자사가 모인 적십자사연맹이 탄생을 하게 되었다.

창설 당시에는 파리에 그 본부를 두었으나 제2차 세계대전중인 1939년 현재의 제네바로 옮겼다. 2002년 1월 1일 현재 178개 회원국이 참여하고 있으며, 여러 나라에서 그 결성을 준비하고 있다.

(2) 역할
- 각국 적십자사들간에 상설 조정자의 역할을 한다.
- 각국 적십자사의 정책, 표준, 집합적 전략을 발전시키고 그 이행을 도모한다.
- 효율적인 프로그램과 튼튼한 조직을 통해 각국 적십자사의 발전을 지원한다.
- 국제적인 구호활동을 조정하거나 지휘한다.
- 적십자사들간에 상호 협력하고 지원하고 경험을 서로 나눌 수 있도록 격려하고, 이를 위한 중개자 역할을 한다.
- 국제적 또는 지역적 차원에서 적십자를 대표하고 다른 국제기구와의 원활한 협력과 조정을 맡아서 한다.

(3) 주요 활동
- **재해구호 활동 지원 및 조정**: 대규모의 재해가 발생한 경우 해당국과 협의하여 회원국들의 지원을 호소하는 일부터 실제로 구호활동을 지휘하는 일, 현장에서의 조정업무를 오랜 경험과 풍부한 인적 자원을 동원하여 효율적으로 하는 한편, 재해국을 도와 재해대비 계획을 발전시킨다. 이밖에 유엔 전문기구 등 인도주의 업무에 종사하고 있는

다른 국제기구들과 협력하여 보다 나은 지원을 할 수 있도록 하고, 여러 국제적인 지원활동을 해오면서 인도주의 지원활동에 있어서 표준을 만드는 것의 필요성을 절감한 연맹은 1994년 전문적인 행동강령(Code of Conduct)을 제정하고 각국 적십자사들을 비롯하여 각 전문기구들에게 참여를 권유하여 많은 기구들이 동참하고 있다.

—**발전계획 지원**: 연맹은 전세계적으로 적십자사의 업무수행 능력을 강화시키기 위하여 특히 업무수행 능력이 떨어지거나 자립도가 약한 적십자사를 돕기 위해 장기적인 발전계획을 수립하고 다른 적십자사들이 이 발전계획에 참여하도록 연결해주고 있다. 이를 위해 지원이 중단되지 않도록 하는 일과 필요한 경우 해당국 적십자사를 돕기 위해 연맹 대표를 파견하여 일정한 수준에 이를 때까지 함께 일하도록 하고 있다.

—**연구와 보급**: 연맹은 ICRC를 도와 국제인도법과 적십자 기본원칙을 보급하는 일을 하고 있으며, 다른 연구기관과 대학, 기구들과 협력하여 모금과 기준, 방법 등 인도주의 활동의 경향을 검토하고 서로의 경험을 나눈다.

(4) 조직과 운영

연맹의 최고 의결기관은 178개 적십자사와 적신월사 대표들이 참가하는 총회이며, 매 2년마다 열린다. 각국 적십자사가 동등한 투표권을 갖고 4년 임기의 총재, 부총재, 집행이사회 위원을 선출한다.

제네바에 있는 사무국에는 40개국에서 온 200여 명의 직원들이 일하고 있으며, 현지에서 일하고 있는 대표들도 있다. 사무국은 총회가 임명한 사무총장의 지휘를 받는다.

제네바에 있는 국제적십자연맹 본부. 1939년 2차대전중 파리에서 이곳으로 옮겼다.

연맹은 회원 적십자사의 분담금으로 운영하고 있으며, 재해 등 긴급 구호활동과 발전계획은 각국 적십자사나 정부의 특별 기여금으로 충당된다. 1998년 연맹은 81개국에서 약 2,000만 명을 지원하기 위한 400개의 활동계획을 세워 국제적인 지원을 호소한 바 있다.

3) 각국 적십자사/적신월사

2002년 1월 현재 전세계의 적십자사/적신월사의 수는 178개이다. 이들 적십자사/적신월사들은 제네바협약 체약국 내에 존재하고 있으며, 자국 정부로부터 봉사단체로 승인받고 있다. 적십자사는 공공당국의 인도주의 활동에 대한 보조자 역할을 한다.

각국 적십자사/적신월사는 동일한 적십자사 이념과 원칙을 갖고 있으나 자국 특유의 인도주의적 욕구에 그 활동의 초점을 맞춘다. 전상자 구호위원회로 시작한 초기에는 적십자사들이 전쟁 희생자들에 대해 주로 관심을 보였다. 오늘날에는 재해구호와 보건·복지 활동에 더 치중하고 있는 것이 사실이다. 많은 나라에서 적십자사라는 명칭을 사용하고 있으나 회교권에서는 주로 적신월사라는 명칭을 사용하고 있다. 한 나라에는 하나의 적십자사만이 존재할 수 있다.

새로운 적십자사가 생기면 ICRC의 승인을 받아야 하며, 승인을 받고 나면 연맹 회원국으로 가입하게 된다. 승인받는 데는 다음과 같은 조건이 갖추어져야 한다.

(1) 적십자사 승인조건

〈1〉육전(陸戰)에 있어서 군대의 부상자와 병자의 상태 개선에 관한 제네바협약이 유효한 독립국가의 영토 안에 설립되어야 한다.

〈2〉그 나라의 유일한 적십자사여야 하며, 적십자운동의 다른 구성체들과 관련을 갖는 데 있어서 유일하게 대표할 자격이 있는 중앙기구의 지배를 받아야 한다.

〈3〉제네바협약과 인도주의 분야에 있어서 공공 당국의 보조적 역할을 하는 봉사기구로서 국내법에 근거하여 그 나라의 합법적 정부의 인정을 받아야 한다.

〈4〉적십자운동 기본원칙에 맞추어 활동할 수 있도록 자율적인 지위를 갖고 있어야 한다.

〈5〉적십자운동 기본원칙에 맞추어 적십자 명칭과 기장을 사용해야 한다.

⟨6⟩ 무력분쟁시 그 법적 임무에 대한 평시의 준비를 비롯하여 자체 정관에 규정되어 있는 업무를 다할 수 있도록 조직되어야 한다.

⟨7⟩ 자국 영토 전역에 걸쳐 활동할 수 있어야 한다.

⟨8⟩ 봉사원과 직원을 모집하는 데 있어서 종족, 성별, 계급, 종교, 정치적 견해를 고려하지 않는다.

⟨9⟩ 현재의 국제적십자운동 정관을 준수하고, 적십자운동 구성원들과 우의를 나누며 협력한다.

⟨10⟩ 적십자 기본원칙을 존중하고 그 활동에 있어서 국제인도법 원칙의 지배를 받는다.

(2) 활동

각국 적십자사/적신월사는 국내의 인도주의 분야에 있어서 공공당국의 보조자로서 활동하며, 재해구호, 보건, 사회봉사 활동 등 광범위한 봉사활동을 제공한다. 전시에는 필요한 경우 군대의 의료활동을 지원하고, 전쟁의 피해를 입은 민간인들을 돕는다. 장기적 또는 단기적으로 진행되고 있는 각국 적십자사/적신월사의 활동은 각국의 사정에 따라 치중하는 분야가 다르고, 또 그때그때 대처해야 할 욕구도 많이 있으나 대개 다음과 같은 분야에서 활동을 주도하고 있다.

—지역보건 활동
—재해대비 활동
—응급처치 교육 및 그 분야의 활동
—질병관리 및 예방

아이티. 허리케인 알렌 피해자들을 적십자 구조대원들이 돕고 있다(위).
모로코 적신월사의 응급처치원(아래).

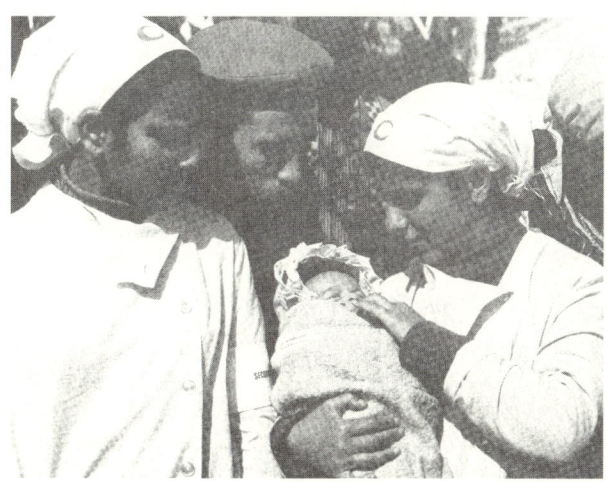

―AIDS 예방 활동

―물과 위생 관련 활동

―긴급구호를 위한 수용시설, 급식, 의료 활동

―헌혈자 모집, 채혈 및 공급

―재해나 전쟁 난민들의 가족 찾는 업무

―청소년 활동

―적십자 이념과 국제인도법의 보급

(3) 회원

전세계적으로 각기 다른 종족, 신념, 사회적 배경을 가진 약 1억 500만 명의 봉사원과 30만 명의 직원, 1억 명의 청소년 단원들이 178개 적십자사/적신월사를 통해 인도주의 정신을 구현하는 일에 참여하고 있다.

(4) 선진국 적십자사의 특징

전시에 군 의료활동 지원단체로 출발한 적십자운동은 각 나라가 처한 여건에 따라 인도주의 활동 내용과 주요 관심사에서 많은 차이점을 보인다. 그것은 사회와 국가의 발전과 깊은 관련이 있다.

국제구호에 주력

선진국 적십자사 활동의 대표적인 특징은 국제구호에 적극적이라는 점이다. 연맹이나 **ICRC**의 지원호소에 빼놓지 않고 호응하여 필요한 현금과 물자, 인원 등을 제공하는 데 인색하지 않다. 이를 위해 언론들은 적극적으로 모금운동을 지원하고, 정부 또한 정부의 이름으로 원조하기보다는 적십자사를 통해 원조하고 있다. 벨기에 적십자사의 경우 국제원조액의 대부분이 정부의 지원으로 이루어지고 있다.

또한 연맹과 ICRC가 공동으로 추진하고 있는 해외파견 구호요원 훈련을 국내에서 개최하거나 또는 몇 나라가 공동으로 개최하여 훈련된 요원들을 확보하고 있다가 긴급지원 요청이 있을 때마다 필요한 인원을 파견하고 있다. 훈련된 전문요원들에는 의사와 간호사 등 의료요원 외에 재해나 전쟁으로 파괴된 급수시설을 복구하는 기술자, 차량정비 기술자, 물리치료사 등 여러 분야의 사람들이 있다. 스웨덴 적십자사 본사 기구표를 보면 사무총장 밑에 국내부와 국제부로 나뉘어 있고 국제부는 다시 아프리카, 아시아, 라틴 아메리카 등 지역으로 구분되어 있어 긴급 재해구호 외에 해당 지역 적십자사의 발전계획에도 적극 참여하고 있다.

매년 두 차례 개최되는 원조국 적십자사 회의에서 연맹과 ICRC 관계자들은 세계 각처에서 전개되고 있는 활동의 진행과정과 결과, 문제점 등을 보고하고, 그 해의 주요 활동 목표와 당면 문제, 역점 사업 등을 설명하여 참가국들의 이해와 참여를 촉구한다.

장애자를 위한 프로그램

선진국 적십자사 활동의 또 한 가지 특색은 장애자들을 위한 프로그램에 역점을 두고 있다는 점이다. 여러 적십자사들은 지체장애자들뿐 아니라 당뇨 어린이, 천식 어린이, 지진아들을 위한 활동 등 광범위하고 다양한 프로그램과 시설을 운영하고 있다.

노르웨이 적십자사의 경우 장애자들을 위한 기술훈련 센터와 천식 어린이들을 위한 교육시설을 운영하고 있으며, 오스트리아 적십자사의 경우 당뇨 어린이들을 위한 캠프와 지체장애 어린이들을 위한 캠프를 운영하고 있다. 장애 어린이들을 위한 캠프는 영국 적십자사와 스위스 적십자사, 네델란드 적십자사에서도 전문적으로 운영하고 있다. 캠프 프로그램도 다양해서 장애자들이 직접 물건을 사러 간다든지, 1박 2일 알프스 산행을 한다든지, 기차로 제네바에 가서 연맹과 ICRC 본부를 방문하는 등 전문적인 봉사원들이 동원되는 프로그램을 운영하고 있다. 이를 위해 적십자사 자체의 예산 외에 영국의 경우 왕실이 많은 부분을 부담하고 있으며, 오스트리아 청소년들은 카드 판매를 통해, 스위스 청소년들은 꽃 판매를 통해 모금운동을 펴고 있다.

심리적 지원

재해나 전란을 겪은 사람들에게는 기본적인 의식주 외에도 그 깊은 충격에서 벗어나도록 돕는 심리적 지원이 절실히 필요하게 마련이다. 수년 전 일본 고베 지진의 경우가 그랬고, 미국 워싱턴과 뉴욕 왕복 스위스 항공기 추락 참사 때도 그랬으며, 미국의 9·11 테러사태 이후에도 그러한 현상이 두드러지게 나타났다. 관련 적십자사들은 숙소나 급식 프로그램과 함께 위기 직후의 심리적 지원 등의 구호활동에 점점 더 힘쓰고 있다. 이를 위해 덴마크 적십자사는 연구소(Reference Centre for Psychological Support)를 운영하고 있으며, 연맹은 덴마크 적십자사와 협력하여 소식지도 발간하고 있다.

좋은 봉사원들을 많이 확보하고 있는 적십자로서는 피해자들에 대한 심리적 지원 프로그램이 그 이념이나 단체의 성격으로 보아 적절한 프로그램으로서 봉사원 교육과정의 일부가 되고 있다.

9 · 11 테러사태로 캐나다의 한 시골 비행장에 비상 착륙한 델타 항공 승무원의 기록(p. 191)은 적십자적인 활동이 어떤 것인가를 잘 보여준다.

2. 정관과 기구

국제적십자운동의 정관은 1928년 처음으로 만들어졌다. 그 후 1952년과 1986년, 2000년 개정을 거쳐 오늘날에 이르고 있는 국제적십자운동 정관은 적십자의 이념과 활동의 주요 윤곽을 정하고, 그 구성체들간 통일성의 중요한 연결을 통해 하나의 적십자운동을 보여주고 있다. 국제적십자운동은 세 가지 법정기구, 즉 상치위원회와 대표자회의, 국제적십자회의를 두고 있다.

1) 상치위원회(Standing Commission)

ICRC 2명, 연맹 2명, 적십자사 대표 5명으로 구성되어 있으며, ICRC와 연맹은 각각 그 대표 중 총재가 포함된다. 적십자사 대표 5명은 국제적십자회의에서 개인 자격으로 선출된다. 위원의 임기는 차기 국제회의까지이며, 위원 중 의장을 선출한다. 상치위원회의 주요 업무는 국제적십자회의를 준비하고, 국제적십자운동 구성체간의 조정

역할을 한다. 또한 적십자 활동을 통해 인도주의 이념 구현에 특별한 용기를 보여준 사람에게 앙리 뒤낭 메달을 수여한다.

2) 대표자회의(Council of Delegates)

"적십자 가족"이라고 부를 수 있는 대표자회의는 ICRC와 연맹, 그리고 각국 적십자사/적신월사 대표들로 구성되며, 매 2년마다 모여 이념이나 표장, 제도 등에 관한 것이나 그밖의 공동 관심사를 다룬다.

국제적십자회의를 준비하는 데 있어서 임시 의제를 채택하는 것과 위원회 의장을 추천할 책임을 갖고 있다.

3) 국제적십자회의(International Conference of Red Cross and Red Crescent)

ICRC와 연맹, 각국 적십자사/적신월사 외에 제네바협약 체약 당사국 정부 대표들이 참가하는 회의로서 매 4년마다 개최된다. 상치위원회는 특히 인도주의 문제에 관심을 갖고 있는 정부기구와 비정부기구, 지역기구, 특별기구 등을 옵서버로 이 회의에 초청할 수 있다.

국제적십자회의는 적십자운동의 최고 의결기구이며, 기본원칙과 국제인도법, 그밖의 인도주의 관심사에 관한 주요 정책을 결정한다.

국제적십자운동 도표

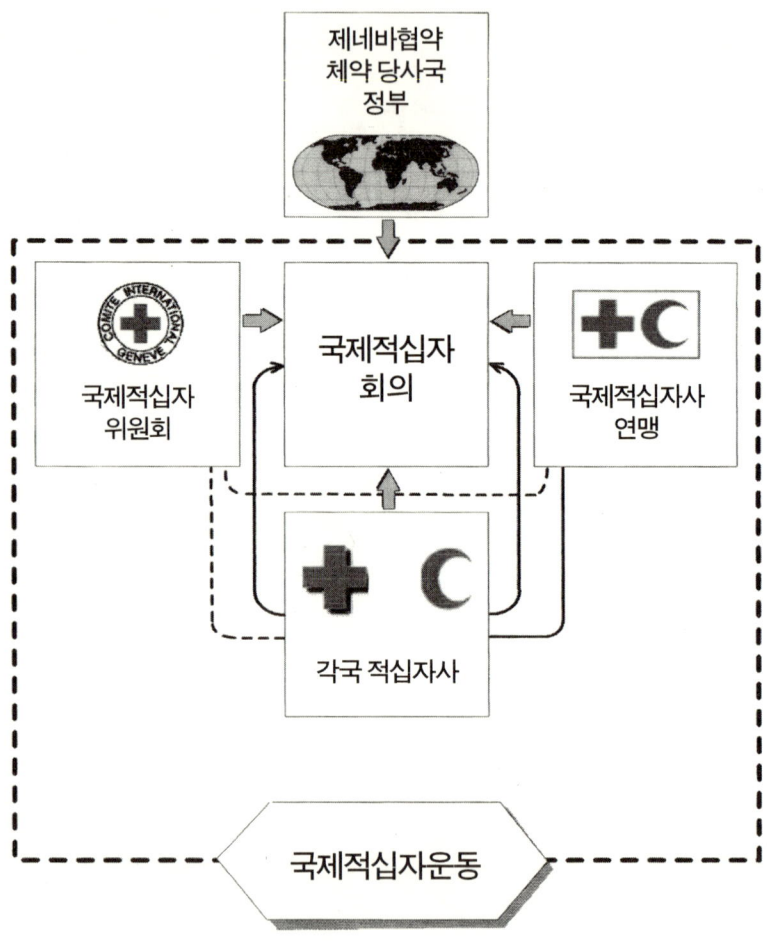

3. 각 구성체간의 협력

"분쟁상황에서는 ICRC가, 평상시에는 연맹이" 이렇게 간단히 그 역할을 구분하고 두 기구의 기능을 분명하게 할 목적으로 1969년 4월 25일 양 기구의 대표가 서명한 **국제적십자위원회와 국제적십자사연맹 간의 협정**은 그로부터 20년 후인 1989년 10월 20일 그 내용이 현실에 맞도록 개정되었다. 그러나 점차 더 빠른 속도로 변화하는 사회에서, 특히 분쟁이 종식되기 전에 재해가 발생하거나 또는 그 반대로 재해 수습이 안 된 상황에서 전쟁이 일어난 경우, 분쟁과 재해가 동시에 발생하는 경우나 재해로 인한 혼란이 분쟁으로 발전하는 경우처럼 복합적인 상황이 빈번하게 발생함에 따라 협정에 대한 근본적인 재검토가 필요하게 되었다.

이에 따라 1997년 11월 26일 스페인의 세비야에서 개최된 대표자회의 결의사항 제6호로 연맹과 ICRC 및 각국 적십자사/적신월사의 역할과 협력을 규정한 합의서(Agreement on the Organization of the International Activities of the Components of the International Red Cross and Red Crescent Movement)를 채택하기에 이르렀다. 이 세비야 합의서는 내전 등 전쟁과 재해가 동시에 또는 이어서 일어난 복합적인 상황에서의 주도적 역할(Lead Role)과 주도적 기구(Lead Agency)를 규정하고, 해당 적십자사/적신월사의 역할과 기능, 서로의 책임 분담과 협력에 대해서 규정하고 있다(p. 204 참조).

중앙심인국(Central Tracing Agency)

스위스의 제네바에 위치한 ICRC(International Committee of the Red Cross : 국제적십자위원회)의 중앙심인국은 국제적·국내적 무력충돌 시 헤어져 소식이 끊긴 가족들을 찾아서 연결시켜주는 아주 중요한 역할을 하고 있다.

시작은 1870년 보불전쟁 당시 양국 군대의 부상병들이 치료를 받던 스위스 국경 도시 바젤(Basel)에서였다. 부상병들이 토로하는 가장 큰 문제가 가족들에게 연락하는 일이라는 데 착안해 부상병들의 가족들에게 소식을 전해주기 시작했으며, 한 걸음 더 나아가 포로들의 명단을 입수해 본국의 가족들에게 알리는 일을 했다.

1876년 러시아와 터키의 전쟁이 일어나자 ICRC는 트리스떼(Trieste)에 심인사업소를 설치했으며, 1912년 발칸전쟁시에는 베오그라드(Belgrade)에 설치하였다. 특히 발칸전쟁시에는 표준 신상 카드를 만들어 5개 교전 당사국 적십자사에 보냈으며 세르비아 적십자사는 이 카드를 사용, 1만 500명에 달하는 포로의 신상명세 카드를 보내왔다.

1914년 제1차 세계대전이 터지자 1907년 헤이그협약에 규정된 대로

중앙심인국의 카드 보관소. 1864년 보불전쟁부터 베트남전에 이르기까지 4,500만 장의 카드가 보관되어 있다. 오늘날은 컴퓨터를 주로 사용하기 때문에 사진 속의 개인 카드는 제네바에 있는 국제적십자박물관으로 이관되었다.

국제적인 전쟁포로기구(International Prisoners of War Agency)가 구성되었다. ICRC는 그간의 경험에 비추어 그런 기구를 조직하기에 이상적인 기구였다. 게다가 2년 전 워싱턴에서 개최된 국제회의에서는 국제적십자운동이 ICRC에게 앞으로 어떤 전쟁이든지 그러한 임무를 맡아줄 것을 공식적으로 의뢰한 바 있다.

ICRC는 새로이 200명을 고용하여 포로에 관한 업무를 전담시켰다. 폭주하는 가족서신으로 반 년이 지나기 전에 그 인원을 1,200명으로 증원하지 않을 수 없었다. 처음에는 하루에 3만 통의 편지가 제네바 본부에 쏟아져 들어왔다. 5년 간 계속된 전쟁중 수백만 통의 편지를 다루어야 했으며, 제네바 본부를 직접 방문한 사람도 12만 명에 달했다. 휴전협정이 맺어질 즈음에는 700만 건의 파일이 작성되었다.

1936년 스페인전쟁은 적십자 심인사업에 또 하나의 중요한 전기를 기록했다. 제네바 본부에서 하던 일을 현장 대표들이 취급하기 시작했던 것이다.

1939년 9월 폴란드 침공으로 제2차 세계대전이 시작되어 개전 일주일 만에 폴란드군 포로는 60만 명에 달했으며, 60개국이 직간접으로 연관된 이 전쟁중 유대인 600만 명을 포함하여 6,000만 명이 목숨을 잃거나 부상을 입었다.

ICRC가 제네바에 앉아서 하루에 10만 통이 넘는 편지를 받아보고만 있은 것은 아니다. 전쟁중 1만 1,000회에 걸쳐 포로수용소와 민간인 수용소를 방문했다. 그러나 당시 소련은 포로의 대우에 관한 1929년의 제네바협약에 가입하지 않았다는 이유로 포로에 관한 정보의 상호교환을 거부했으며, 다른 국가들도 1929년 협약이 민간인들에게는 적용되지 않는다는 이유로 노력한 만큼의 결과는 볼 수 없었다. 하지

제2차 세계대전중 독일 수용소에서 적십자 소포를 받고 있는 포로들.

만 수용소에 억류되어 있는 포로들과 민간인들에게 3,500만 개의 적십자 위문대를 배부할 수 있었으며, 포로와 가족간에 1억 2,000만 통, 민간인들 간에 2,300만 통의 서신을 교환할 수 있었다. 중앙심인국의 도움으로 유럽에서만 70만 명이 가족과 재회할 수 있었다.

1947년 독일의 미·영·불 점령지역이 만나는 곳인 아롤센(Arolsen)에 국제심인사업소(ITS-International Tracing Service)가 설치되었다. 이곳에서는 나치 희생자만 취급하며, 종전시 나치 수용소와 병원, 공장, 관공서에서 압수한 자료들을 보관하고 있다. 1955년부터 ICRC가 이 사업을 맡아서 관리하고 있으며, 재정은 독일 정부가 부담하고 있다. 현재 12개국인 350여 명이 종사하고 있다. 이곳에서는 실종자들을 찾는 일 외에 독일 정부로부터 보상받을 수 있도록 사망증명서와 억류

이스라엘-아랍의 전쟁 (1967)시 포로수용소를 방문한 ICRC 대표.

증명서를 발급해주고 있다.

오랫동안 끈질긴 요청 끝에 소련 당국은 종전시 나치 수용소에서 가져간 **죽음의 책**(Death books) 수십 권을 ICRC에 제공함으로써 7만여 명의 아우슈비츠 희생자 명단이 새로 밝혀졌다. 종전 당시 미·영·불이 나치 수용소에서 압수한 명단을 ITS에 전달해 그간 180만 건을 회신할 수 있었으나, 보다 많은 수용소가 있는 지역을 점령한 소련이 1964년 명단 4권을 공개한 이래 26년 만의 일이었다. 소련은 이밖에 IG 파르벤(Farben) 등 여러 공장에 징용되었던 13만 명의 명단도 제공했으며, 작센하우젠(Sachsenhausen), 그로스로제(Gross Rose), 북헨발트(Buchenwald), 닥하우(Dachau)를 포함, 그밖의 나치 수용소에 수용되었던 20만 명의 명단도 소유하고 있음을 밝혔다. 그러나 이들 명단은 '적격자'로 판명된 사람들만이고 어린이나 여자, 노인, 병자들의 명단은 작성도 하지 않았다. 현재 밝혀진 명단은 1941년부터 1943년 것만 수록되어 있고 그밖의 것은 3,250군데나 되는 소련 문서보관소에 있는지 또는 독일 패망시 폐기시켜버렸는지 밝혀지지 않고 있다.

제2차 세계대전이 끝났어도 중앙심인국의 업무는 종료되지 않았다. 오늘날에도 취급업무의 약 25%가 2차대전과 관련된 것이다. 1960년대 들어서 베트남전 등 내란이나 국지전 성격을 지닌 분쟁이 계속됨에 따라 이 분야에서의 ICRC의 임무는 더 다양해지고 있다.

전쟁포로뿐 아니라 민간인 실종자를 찾는 일, 이산가족들간의 서신교환, 본국으로의 송환 외에 무력분쟁의 소용돌이 속에 여권이나 신분증을 분실한 사람들에게 여행증명서를 발급해주는 일도 하고 있다. 또한 세계대전중 나치 수용소나 포로수용소에 있었던 사람들에게 증명서를 발급해주어 이들이 전후 보상금을 받을 수 있도록 돕기도 한다. 수작업으로 일을 하던 초기와는 달리 오늘날에는 컴퓨터로 대부분의 작업을 하여 중앙심인국이 보관하던 방대한 분량의 개인 카드는 제네바 적십자 박물관에 전시되어 있다.

중앙심인국의 도움으로 오랫동안 떨어져 있던 가족이 재회하게 된 경우도 많다.

나탈리아와 갈리나 자매의 45년 만의 재회

1987년 1월 어느 추운 날 오후, 모스크바 공항에서 어릴 때 헤어졌던 두 자매 나탈리아 고르바초바(63)와 갈리나 고르바초바(65세)가 헤어진 지 45년 만에 극적으로 다시 만났다.

카메라맨들의 플래시가 터지고 기자들이 이 극적인 장면을 취재 보도하는 가운데 만난 이 두 자매는,

"나는 몇 년 동안 너를 찾았어".

"나 역시 언니를 찾으려고 노력했어요."

"전쟁이 끝난 후에도 줄곧 너는 내 마음속에 있었어."

"우리는 매일 밤 무언의 대화를 나눴지요. 그러나 세월이 갈수록 언니의 얼굴 모습이 점점 흐려져가는 것이 안타깝기만 했어요."

라고 서로 말을 잇지 못한 채 얼싸안고 있었다.

이들 두 자매의 극적인 재회는 하나의 작은 기적으로서 이 만남을 주선했던 소련 및 벨기에 적십자사, 국제적십자위원회(ICRC)의 중앙심인국(CTA), 그리고 서독 아롤센(Arolsen)에 소재한 국제심인사업소의 국경을 초월한 유대감의 형성은 이 만남과 관련한 여러 사람들에게 기쁨과 만족을 안겨주었다.

나탈리아가 17세, 갈리나가 19세이던 1942년 이들 두 자매와 어머니는 소련에서 살던 집을 빼앗기고 독일로 추방되었다. 그들은 독일 하노버(Hanover) 부근 노동 캠프에서 일을 해야만 했다.

의학도였던 갈리나는 당시 전쟁포로였던 사랑하던 사람과 함께 독일을 탈출, 벨기에로 이주해 결혼했다. 그녀의 아버지와 삼촌은 전쟁의 소용돌이 속에서 실종되었고 그 후 그녀가 수차례나 연

락을 취해보았지만 어머니와 동생 나탈리아를 찾을 길이 없었다.

한편 어머니와 나탈리아는 벨기에에서 모스크바까지의 거리보다 더 멀리 떨어진 시베리아의 어느 마을로 강제 이주당하였다. 그들 역시 갈리나를 찾으려고 백방으로 노력하였으나 제2차 세계대전이 끝난 후 헤어진 가족들을 찾으려는 사람들의 숫자가 수십만 명을 헤아렸기 때문에 쉽게 찾을 수가 없었다. 게다가 그 당시는 온갖 뜬소문과 유언비어가 퍼져 있었던 때였으므로 이들 두 자매는 마침내 서로 죽은 것으로 믿게 되었다.

이렇게 서로 떨어져서 오랜 세월을 지내던 중 인생의 황혼기에 접어든 나탈리아는 한 번만이라도 언니 갈리나의 행방에 대해 알아보고자 마지막 시도를 하게 되었다. 마침내 그녀는 지방 당국에 언니의 행방을 알아봐달라는 호소를 하기에 이르렀고, 지방 당국은 그녀의 호소를 소련 적십자사에 전달하였다. 이에 소련 적십자사는 국제적십자위원회에 속한 국제심인사업소에 공식적으로 이 문제를 의뢰했다.

서독 아롤센에 소재한 국제심인사업소는 특히 독일 나치 정권 시 민간인 희생자를 포함하여 제2차 세계대전 당시의 민간인 희생자들과 관련된 문서 약 4,300만 건을 보관하고 있는 곳이다. 이런 방대한 자료 속에서 갈리나가 1943년에 벨기에로 갔다는 정보를 찾을 수 있었다.

곧 국제적십자위원회 심인사업소는 벨기에 적십자사에 그녀를 찾아줄 것을 요청하였고 마침내 벨기에 적십자사는 갈리나를 찾아내게 되었다.

심인 의뢰를 처리하는 데 있어서 찾고자 하는 사람이 찾는 사람을 만나기 원하는지의 여부를 먼저 확인하는 것이 국제적십자위원회의 방침이기 때문에 동 위원회는 갈리나에게 동생을 만나보고 싶은지를 문의하였다. 죽은 줄로만 알고 있었던 동생이 자기를 찾고 있다는 연락을 받은 언니 갈리나는 기쁨에 넘쳐 편지와 사진을 보내면서 하루빨리 소식을 듣게 해달라고 요청했다.

마침 국제적십자위원회는 전세계 회원국 적십자사와 스위스 제네바에 소재한 국제적십자위원회 중앙심인국 간의 중요한 교량 역할에 초점을 둔 중앙심인국 홍보 영화를 제작하는 중이었다. 30분짜리 이 영화 내용으로 여섯 가지 사례가 거론되었으나 이들 두 자매의 극적인 재회보다 중앙심인국의 역할을 더 잘 설명해줄 것은 없다는 결론을 얻게 되었다. 그래서 전 국제적십자위원회 중앙심인국 대표이며 영화 제작자로 수상한 경력이 있는 장 다니엘 블로슈 부장은 먼저 제작팀과 함께 벨기에로 가서 갈리나를 만나 촬영한 다음 모스크바에서 나탈리아를 만날 수 있는 허락을 얻었다. 사실 갈리나는 이 제작팀과 같이 모스크바로 여행하게 되기를 원하였고, 소련은 이들 두 자매가 만날 때 많은 사람들이 이들의 극적인 재회를 현장에서 함께 축하할 수 있도록 여러 가지 편의를 제공해주었다.

갈리나와 나탈리아가 아버지에 대한 추억을 기리기 위하여 무명용사의 묘지에 헌화하고 소련 적십자사 심인사업소를 방문하는 모습이 저녁 뉴스로 방송된 것 자체가 전세계 매스컴의 큰 뉴스거리였다. 극적으로 재회한 두 자매는 갈리나가 머물고 있던 모스크바에서 일주일을 함께 지냈다.

이들이 함께 지낸 일주일은 폭설이 내리고 추위는 무척이나 매

서웠지만 42년 만에 극적으로 다시 만난 이들 두 자매에게는 기쁨과 흥분을, 그리고 이 소식을 접한 많은 다른 이산가족들에게는 조속한 재회를 기원하는 따뜻한 희망으로 가득한 날들이었다.
―ICRC 발행 BULLETIN 호 1987년 2월호에서

장기려 박사 가족의 통한의 세월

장기려 박사는 1911년 평안북도 용천에서 태어나 개성 송도고보를 거쳐 경성 의학전문학교(현 서울 의대)를 졸업하고 외과조수로 있었다. 일본인 사이에서 일하기 싫어했던 그는 1940년 기독교 병원인 평양의 기홀(紀忽) 병원(Hall Memorial Hospital)으로 떠나 평양에 자리잡았으며, 북한 최고의 외과의로서 명성을 얻게 되었다. 그리고 얼마 안 있어 한국전쟁이 발발하고, 대규모의 중공군의 남침이 시작되었다.

다른 이산가족들처럼 장 박사 가족도 국군과 유엔군의 반격으로 평양을 곧 수복할 수 있을 터이니 중공군의 진격을 피해 며칠, 아니면 늦어도 한 달 정도만 피해 있으면 고향으로 돌아올 수 있을 것이라는 가벼운 마음으로 피난길에 올랐다. 열 명의 가족이 한꺼번에 움직이는 것은 무리라고 보고 장 박사는 둘째 아들 가용을 데리고, 당시 37세의 아내는 나머지 아이들을 데리고 길을 떠났던 것이다. 1953년 휴전과 함께 국토는 분단되고 이들 가족은 생사 확인조차 할 수 없게 되었다.

1986년 장 박사는 꿈에 그리던 가족들의 생사를 확인하게 되었다. 제네바에서 열린 국제적십자회의에 참가하고 돌아온 사람으로부터 북한의 장 박사 가족들이 잘 있다는 소식을 들었다. 장 박사는 희망의 빛을 보았다. 생사 확인이 안 되었을 때는 살아 있다는 사실만 확인해도 여한이 없겠다고 생각했으나 막상 생존 소식을 들으니 미치도록 보고 싶어졌다.

'이제 통일만 되면 우리 가족은 만날 수가 있구나. 통일을 위해

기도하자.'

생화학박사로 미국에 살고 있던 6촌 조카딸은 장 박사 가족들이 살아 있다는 소식을 듣고는 연락을 취할 수 있는 방도를 찾던 중 장 박사 큰아들이 리스본에서 약학 관련 회의에 참석한다는 소식을 듣고 리스본의 북한대사관에 연락해놓고 곧장 달려갔다. 하지만 도착해보니 장 박사 큰딸의 고교 동창인 북한대사관 참사관 부인은 그가 사흘 전 본국의 갑작스런 연락을 받고 귀국하면서 오면 전해달라고 했다면서 편지를 내놓는 것이었다. 장 박사 6촌 조카딸은 장 박사와 둘째 아들 가용의 사진을 맡기고 돌아왔다. 얼마 후 장 박사 맏딸이 미국의 6촌에게 편지를 보냈고, 이 편지는 다시 한국의 장 박사에게 전달됐다. 43년 만의 소식이었다.

1985년 9월 남북 고향방문단과 예술단이 서울과 평양을 오고갈 때 정부는 천주교 지학순 주교를 비롯한 몇몇 인사들에게 이산가족 상봉 기회를 주기로 했다면서 장 박사에게도 신청하라는 제의를 했다. 그는 "내가 평양에 가서 죽을 때까지 함께 살 수 있든지, 아니면 내가 아내를 데리고 남한에서 살 수 있다면 평양에 가지만 그렇지 못하면 사양하겠다"며 거절했다. 만난 다음에 그곳에 남아 또 한 번 기약 없는 이별의 눈물을 흘려야 할 아내와 자식들을 생각한다면 가지 않는 편이 낫다고 생각한 것이다.

1990년대에 들어서 80줄이 넘어서면서 장 박사는 어쩌면 살아서 아내를 볼 수 없을지 모른다는 초조감이 들기 시작했다. 그래서 방북 신청서를 냈으나 이런저런 이유로 남북회담은 끝내 무산되고 말았다. 1년 뒤인 1991년 미국에 사는 조카며느리가 직접 북한을 방문, 장 박사의 가족들을 만나고 돌아와 편지와 사진을 장 박사에게 전해주었다.

그는 담담한 얼굴로 아내의 편지를 읽었다.

"기도 속에서 언제나 당신을 만나고 있습니다. 부모님과 아이들이 힘든 일을 당할 때마다 저는 항상 마음속의 당신에게 물었습니다. 그때마다 당신은 이렇게 하면 어떠냐고 응답해주셨고 저는 그대로 하였습니다. 잘 자란 우리 아이들, 몸은 헤어져 있었지만 저 혼자서 키운 것이 아닙니다."

아내의 글도 놀랄 만큼 담담했다. 서로 살아 있으리라는 확신을 갖고 서로의 사랑이 변치 않으리라는 것을 굳게 믿고 살아왔던 것이다. 이때 받은 아내의 사진, 80세의 할머니 사진을 헤어지기 전 30대의 아내의 사진과 함께 세상을 떠나기 전까지 그의 침대 머리맡에 항상 두었다.

1950년 이후 45년 간의 기나긴 세월 동안 간절한 기도 제목이 되었던 '아내와의 재회'는 끝내 이뤄지지 못했다. 그는 혼수상태에 빠지기 전인 1995년 10월 가족들에게 말했다.

"이 땅에서 지금 만나봤자 무슨 의미가 있겠는가. 그렇게 짧게 만나느니 차라리 하늘나라에서 영원히 만나야지……."

전쟁 와중에서 아내와 다섯 자식과 생이별하고 평생을 극빈자 진료를 하며 가족에 대한 그리움을 달랬던 장기려 박사, 1995년 12월 25일 86세로 생을 마감한 그에게는 서민 아파트 한 채, 죽은 후에 묻힐 공원묘지 몇 평조차 없었다.

2000년 8월 이산가족 평양 방문단원으로서가 아니라 수행 의사로 평양을 방문한 장가용 박사, 그는 장기려 박사를 따라 월남한 그의 둘째 아들로 서울의대 교수이다. 다른 이산가족들이 눈물의 상봉을 하고 있는 모습을 지켜보면서 45년 간을 어머니를 그리워하다가 세상을 떠난 아버지 생각에 가슴이 아파서 견딜 수가 없었다.

그러던 그가 두번째 날 50년 만에 어머니를 만날 수 있었다. 아들이 한동안 껴안고 울다가 어머니에게 처음 건넨 말 "나를 기억하세요?"에 89세의 어머니는 목멘 소리로 "이게 꿈이예요, 생시예요?" 하고 아주 작은 목소리로 존댓말을 했다.

장 교수는 이렇게 어머니를 세 시간 가량 만나고, 평양을 떠날 때 평양공항에서 30분 가량 작별 인사를 나눴다. 그는 아무 말도 할 수 없었다. 출발시간이 되어 말없이 등을 돌리는 장 교수에게 그의 어머니는 "꼭 가야 하니? 또 만날 수 있겠니?" 하고 조그만 소리로 물었다.

적십자 활동 사례

9·11테러

프랑크푸르트를 출발한 지 5시간쯤 지나 북대서양 상공을 지나고 있을 때 "모든 미대륙 항로는 폐쇄되었으니 속히 가장 가까운 공항에 착륙할 것. 행선지를 알릴 것." 하는 짤막한 메시지를 받았다. 공항도 지정해주지 않고 즉시 착륙하라고 한 것으로 보아 각 항공기의 비행을 통제하기를 포기했음을 알 수 있었다.

심각한 사태임을 파악한 우리는 착륙할 곳을 찾는 것이 시급했다. 가장 가까운 공항은 400마일 떨어진 뉴펀들랜드의 갠더 공항이었다. 곧 캐나다 항공 관제관에게 갠더 공항 착륙을 요청하자 즉시 허가가 떨어졌다. 승무원들은 즉시 착륙 준비에 들어갔다. 약 40분 후 우리는 갠더 공항에 착륙했다. 갠더 관제관은 별도 지시가 있을 때까지 아무도 비행기에서 내리지 못하게 했다.

그로부터 한 시간 정도가 지나면서 북대서양을 통과하다가 비상 착륙한 비행기는 53대에 달했다. 우리는 열네번째로 내리게 되었다. 그러는 동안 항공기 라디오를 통해 뉴스가 나오기 시작했다. 처음으로 뉴욕 세계무역센터와 워싱턴에 있는 펜타곤 건물에 비행기들이 충돌, 폭파됐다는 사실을 알게 되었다. 승객들은 저마다 휴대전화를 들고 연락을 취해보려 했지만 시스템이 다른 관계로 연결이 안 되었다. 어쩌다 성공한 사람들은 교환원으로부터 미국 연결선이 불통이거나 폭주로 연결이 안 되니 다시 해보라는 답을 얻었을 뿐이었다.

승객들은 당황했으며 정서적으로 기진맥진해 있었다. 오후 6시가 되자 갠더 공항측은 우리 승객들이 내릴 시간은 내일 아침 11시이며, 필요한 경우 의약품과 물, 화장실 서비스 등 필요한 모든 서비스를 제공하겠노라고 말했다. 임신 33주째인 젊은 여인이 있었으나 밤중에 아픈 사람은 없었다.

12일 아침 시간이 되자 학교 버스 행렬이 다가왔다. 입국수속을 마친 후 적십자에 등록을 하고 그들의 지시에 따랐다. 적십자가 인구 1만 400명밖에 안 되는 이 마을에 내린 1만 500명의 '손님'들을 맡아서 돌보게 됐다.

갠더와 그 주변 반경 75킬로미터 내의 모든 학교와 집회장, 여관, 그밖의 모든 시설은 갑작스러운 손님들을 위해 집단 숙소로 개조되어 간이침대나 슬리핑 백, 각종 침구가 동원돼 잠자리를 만들었으며, 학생들과 주민들이 자원봉사에 나섰다.

우리 승객들은 갠더에서 45킬로미터 떨어진 루이스포트라는 마을의 고등학교에 수용되었다. 여자만의 시설을 원하는 사람에게는 그렇게 해주었으며, 가족이 함께 있도록 배려해주었다. 나이든 승객들은 모두 개인 가정으로 안내되었다. 젊은 임산부는 24시간 진료 가능한

시설 건너편에 있는 개인 가정에 묵도록 했다. 남녀 간호사가 내내 합숙시설에 승객들과 같이 묵었다.

누구나 하루에 한 번 미국과 유럽에 이메일을 보낼 수 있었으며, 짐을 비행기에 두고 내린 사람들이 옷을 빨아 입을 수 있도록 세탁기용 토큰도 배급됐다. 빵집은 손님들에게 갓 구운 빵을 제공하려고 항상 문을 열어놓았으며, 손님들을 위한 음식은 마을 주민 전체가 나서서 만들어 학교로 날랐다. 다른 음식을 찾는 사람은 따로 차에 태워가서 골라 먹을 수 있도록 했다.

하룻밤이 지나자 손님들에게는 유람여행 기회가 주어졌다. 어떤 사람들은 배를 타고 호수와 항구를 유람했으며, 어떤 사람들은 숲을 산보했다. 이 불행한 승객들의 욕구 하나 하나가 다 충족될 수 있었다.

이런 이야기를 우리에게 들려주면서 승객들은 울었다. 그러고 나서 한 명의 낙오자 없이 14일 정해진 시간에 비행장에 도착할 수 있었다. 이 모든 것이 가능했던 것은 적십자가 있었기 때문이다.

다시 비행기에 탄 승객들은 마치 오랜 여행을 같이 한 사람들처럼 친해져 있었다. 이들은 자기들이 겪은 이야기를 경쟁적으로 꺼내며, 서로 자기가 더 잘 지냈다고 우겼다. 정말로 놀라운 일이었다. 아틀란타로 향하는 우리 비행기 안은 마치 파티장 같았다.

이때 한 승객이 나서서 지난 며칠 동안 마을 주민들로부터 받은 친절에 보답하기 위해 기부금을 모으자고 제안했다. '델타 15'(우리 비행기편 명)라는 이 기금으로 우리가 묵었던 루이스포트의 고등학생들이 대학에 진학할 수 있도록 하자는 설명에 즉석에서 약 1만 4,500달러가 모아졌다. 이 제안을 한 버지니아 출신의 의학박사는 그 액수만큼의 금액을 기증하겠으며, 장학금 운영에 관한 행정적인 일뿐 아니라 텔

타 항공에 이 계획을 알려 이 기금에 기부해줄 것을 요청하겠다고 약속했다.

  —델타 항공기의 승무원이 쓴 글

경제공황과 적십자

1929년 10월 24일, 검은 목요일. 5년에 걸쳐 가열된 투기 끝에 급락한 주식으로 미국 증권시장은 마침내 붕괴되고 말았다. 미국에서 시작된 이 경제공황은 곧 전세계적인 위기를 불러일으켰다.

유럽도 예외는 아니었다. 1930년 4월 프랑스 은행들의 단기 부채를 줄이는 조치는 오스트리아 최대 은행의 파산을 가져왔으며, 중동부 유럽 전반에 걸친 금융기관의 파산과 몰락을 가져왔다. 그 결과 독일 은행들은 외채상환에 대한 지급정지(Moratorium)를 선언했으며, 이것은 독일에 투자한 영국 은행들을 위협하여 영국 파운드화의 폭락을 가져왔다.

일본에서는 주요 원자재 수입이 중단되어 수출이 끊겼으며, 라틴아메리카도 전체적인 경제 혼란을 겪었다. 브라질은 폭락한 값으로 커피를 파느니 불에 태우는 길을 택했으며, 엄청난 양의 설탕을 바다에 쏟아 붓는 나라도 있었다.

경제공황은 개인과 회사, 공공기관의 파산을 몰고와 자살자가 속출했으며, 봉사단체들은 활동을 축소하거나 아예 문을 닫는 곳이 많았다.

그러나 이러한 경제공황 속에서 적십자는 오히려 더 활발하게 활동했다. 실직자들을 위한 급식, 수용소, 구호물자 배급 등을 하기 위해 많은 수의 봉사원을 모집하여 훈련한 다음 현장에 투입하는 것이 무엇보다도 시급했다. 또한 경제공황에 따른 궁핍과 영양실조, 보건·위생 등의 문제를 다루려면 간호활동이 시급했다. 각국 적십자사는 간호업무 전담 부서를 두거나 자체적으로 간호사를 양성하기도 했다. 보건소를 시작한 적십자사들도 있었다.

이밖에 많은 실직자들, 파산자들이 알코올 중독과 굶주림 등으로 거리를 방황하는 데 착안하여 이들에게 식사와 안락함, 위로를 제공하는 센터를 운영하기도 했다.

독일 적십자사의 경우 오래 된 창고를 개조하여 매일 1,000명에 가까운 실직자들이 찾는 안식처를 제공했으며, 프랑스나 벨기에도 비슷한 프로그램을 운영했다. 라트비아에서는 실직 가정 어린이들을 위한 급식소를 운영하기 위하여 복권을 판매하기도 했다. 미국의 경우 1932년 후버 대통령은 두말들이 밀 4천만 포대를 적십자사에 제공하기 위한 특별조치법에 서명했다. 미국 적십자사는 3,700개 지사를 통해 600만 가정에게 이를 배급했으며, 가뭄으로 피해를 입은 농민들에게 가축사료를 전달하기도 했다. 이밖에 1,200만 명에 달하는 실직자들에게 일감을 찾아주거나 제공하는 일에도 적극 참여했다.

코소보 사태와 적십자

발칸반도의 화약고 코소보 분쟁의 발단은 기원전 7세기 무렵으로 거슬러 올라간다. 발칸은 원래 알바니아계의 조상 일리리언이 살고 있었으나 유고슬라비아인의 조상 슬라브인이 이곳을 정복했던 것이다.

12세기 발칸반도 진출 이후 부족국가에 머물러 있던 남슬라브족 중 한 종족인 세르비아인들이 이 지역에서 두각을 드러내 결국 왕조를 세우고 14세기 초에는 스테판 두산이라는 탁월한 왕이 출현, 왕조의 절정기에 이르렀다.

당시 세르비아는 지금의 알바니아와 크로아티아 등을 포함, 발칸반도의 대부분을 장악해 '대(大)세르비아'의 꿈을 이뤘다. 이때 알바니아인들은 남쪽으로 밀려나 생존에 위협을 받았으나 1389년 터키제국이 세르비아를 점령하고 다시 알바니아인들을 코소보 지역 주위에 이주시키면서 이 인구가 증가, 세르비아를 제치고 코소보 지역 주민의 90%를 차지하게 되었다.

분쟁의 핵이 된 코소보는 스테판 두산 왕 시절 수많은 세르비아 유적들이 보존되어 있는 곳으로 이곳을 '대세르비아'의 근간(根幹)으로 여기고 있는 세르비아인들은 어떤 대가를 치르더라도 결코 포기할 수 없는 성지(聖地)로 생각하고 있다.

알바니아계 사람들에게도 이 지역은 조상 대대로 살아온 역사적 고향이다. 이처럼 뿌리 깊은 갈등은 지난 80년 유고연방의 티토 대통령의 사망 이후 불어닥친 민족주의 바람에 표면화되기 시작했다.

1989년 '대세르비아'를 주창하는 밀로셰비치 당시 세르비아 대통

코소보 난민들.

령에 의해 코소보는 자치권을 박탈당하고 알바니아어(語)마저 사용할 수 없게 되면서 코소보 분리독립운동이 본격화되기 시작했다. 1996년에는 코소보 해방군으로 알려진 무장단체까지 등장. 유혈충돌이 계속되던 중 1998년 2월 28일 코소보에서 코소보 해방군(KLA)이 순찰중이던 세르비아 경찰 4명을 살해하자 이에 대한 보복으로 세르비아가 KLA 핵심인물인 아뎀 자샤리와 그의 가족, 친척 80여 명을 살해하면서 유혈사태는 걷잡을 수 없이 퍼져나갔다.

사상자 수는 정확히 밝혀지고 있지 않으나 지금까지 수천 명의 주민이 살해되고 30만 명 이상의 난민이 발생했다. 더이상의 희생을 좌시할 수 없다고 본 서방세계는 1998년 5월 평화안을 마련 양측을 협상

테이블에 앉혔으나 세르비아가 끝내 서명을 거부하여 회담은 결렬되고 말았다. 이 서명을 받아내고 양민을 보호하기 위해 결국 NATO가 개입하기에 이르렀다.

 ICRC는 1989년 유고공화국에 대표부를 설치하고 내전으로 인한 구금자 방문활동을 비롯하여 난민구호, 의료활동, 이산가족 문제 등을 다루었으며, 내전 기간중 국제인도법을 보급하는 일과 이 법의 적용을 촉구하는 일에 힘썼다.

 내전이 확대되면서 ICRC는 코소보에도 대표부를 설치하고 유고연방 대표와 알바니아계 대표들 사이에서 중립적 중재자 역할을 했다. 또한 의료지원 활동을 위해 세르비아계 공공 병원들과 알바니아계의 마더 테레사(Mother Theresa) 병원 등 민간병원들에게 부상자 치료용 의약품을 지원하는 외에 의료요원을 추가로 파견하여 지원해왔다.

 연맹은 코소보 사태로 발생한 난민구호를 위해 알바니아, 마케도니아 등 인근 국가에 난민 캠프를 설치하고, 국경을 넘어오는 난민들의 구호에 힘썼다. 그간 현금이나 물자로 국제구호에 참가해온 대한적십자사가 처음으로 훈련된 구호요원을 현지에 파견한 것이 바로 연맹이 운영하는 난민 캠프였다.

경제제재 조치와 인도주의

유엔헌장 제7장은 평화에 대한 위협을 판단할 권한과 이를 회복할 수단을 안전보장이사회에 부여하고 있다. 즉 외교적 수단이 별 효과가 없을 경우 안전보장이사회는 제41조에 의거하여 제재조치를 취할 수 있으며, 제재로 불충분하다고 판단될 경우 군사행동을 결정할 수 있다. 이와 같이 제재는 외교와 무력 중간 단계의 국제적 압력수단으로서 실제적 충돌 없이 정치적 목적을 달성하는 데 그 목적이 있다.

그렇다면 침략에 의해 위협받는 일부 개인의 인권을 보호하기 위하여 사용한 제재조치가 다른 사람의 인권을 침해하고 있지는 않은가? "현 헌장에서의 의무조항과 다른 국제협약의 의무조항이 상충될 경우 헌장조항이 우세하다"는 유엔헌장 103조는 안전보장이사회의 결의사항이 제네바협약을 무시할 수 있다는 뜻인가? 유엔이 지금까지 내린 제재조치 중 가장 포괄적이고 엄격했던 이라크(1990년)와 세르비아-몬테네그로(1994년) 상황에서 어느 정도 그 답을 얻을 수 있을 것이다.

전쟁으로 상하수도 등 위생시설과 의료시설을 포함, 기간시설이 파괴된 이라크에 1990년 8월 6일 안전보장이사회 결의 제661호로 자산동결과 경제제재 조치가 내려졌으며, 보스니아-헤르체고비나에서의 전쟁 개입을 막기 위한 세르비아-몬테네그로에 내려진 제재는 사라예보에 대한 포위공격이 시작된 1992년 5월 30일부터 1993년 4월 17일 사이에 채택된 결의사항으로 비롯되었다.

수출입 금지와 자산동결은 무역의존 산업에 큰 타격을 주면서 국가

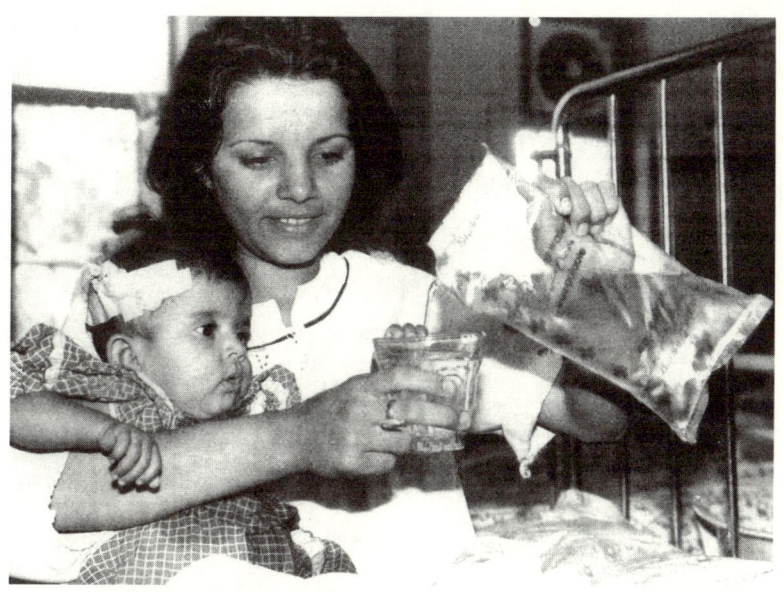
경제제재 조치의 어려움을 겪고 있는 이라크의 아동병원의 간호사가 국제적십자가 지원한 포장식수를 아기에게 먹이고 있다.

전반에 걸쳐 심각한 영향을 미치기 시작했다. 세르비아몬테네그로의 경우 220만 노동인구의 30% 이상이 실직했으며, 물자의 품귀는 인플레이션을 가져왔다. 이라크의 경우 1990년부터 1994년 사이의 인플레이션은 수천 %에 달하며, 식량 가격만 하더라도 370배나 뛰었다. 1달러에 3디나르였던 환율도 550디나르가 되었다. 인플레이션은 가구당 구매력을 떨어뜨려 유고슬라브 적십자사와 연맹의 공동조사 연구에 따르면 1990년부터 1994년 사이 가구당 수입은 10분의 1로 줄어들어 실제로 중산층은 사라진 셈이다. 인플레이션으로 가장 타격을 입는 사람은 고정급에 의존하는 사람이나 연금 생활자이다. 많은 이라크의 가정들이 가재도구를 내다 팔고, 한푼이라도 더 벌기 위하여 아이들은 학업을 중단했다.

경제제재 조치는 식량이나 의약품의 절대부족을 가져왔을 뿐 아니라 장비의 수리나 부품조달을 어렵게 만들어 사회 전반적인 기능 부진을 가져왔다. 식량부족은 곧 영양실조로 이어졌으며, 파괴된 위생시설과 질병관리 능력 부재, 의약품 부족은 유아사망률을 급증시켰다. 전에는 계절적이었던 질병이 연중 발생하게 되어, 여름에만 있던 설사가 이제는 겨울에도 흔히 볼 수 있으며, 겨울에만 있던 극심한 호흡기 질환이 이제는 여름에도 흔하게 되었다. 이라크 적신월사의 보고에 따르면 신생아의 22%가 미숙아이거나 또는 심각한 체중 미달자들이며 이러한 수치는 걸프전 전보다 5배가 증가된 수치이다.

위의 예만 보더라도 이라크와 세르비아-몬테네그로에 대한 경제제재 조치에서 얻은 정치적 성과에 비해 인도주의적 대가가 너무 큰 것을 알 수 있다. 그렇다고 해서 유엔의 제재조치가 적법하지 않다거나 제재를 하지 말아야 한다는 주장이 아니며, 단지 전쟁이 민간인의 생명을 마땅히 중시해야 하는 것과 마찬가지로 제재조치가 민간인에게 미치는 영향을 고려해야 한다는 것이다. 그러나 이것은 그리 쉬운 일이 아닐 것이다.

1995년 1월 유엔 사무총장은 제재조치를 취하기 전 인도주의적 영향을 검토할 것과 인도주의적 구호물자의 수송보장을 촉구한 바 있다. 그러나 이것이 현실화되는 것은 아득히 멀다. 왜냐하면 첫째, 특정한 정치적 목표를 달성하기 위해 국민들이 겪어야 할 고통의 정도와 제재 완화기준에 대한 객관적 판단이나 의견의 일치를 보기가 힘들기 때문이다. 둘째, 안전보장이사회의 결의사항에 있어서 '인도주의적 예외'에 대한 정의가 모호하다는 점이다. 셋째, 제재위원회의 불투명하고 느린 일 진행은 확실하게 면제를 받은 식량이나 약품조차도 그 반입에 시간을 끌고 있어 유엔이나 국제적십자의 수송차량을 보통 수주일씩 기다리게 만들어 약품의 유효기간을 넘기게 하는 것이 예사이다.

국제적십자운동은 그 기본원칙과 제네바협약에 의해 제재조치로 고통받고 있는 사람들을 도울 의무가 있다. 제재조치가 취약 집단에 특히 극심한 영향을 미쳐 다수의 인구가 가난에 시달리고 인도주의 단체의 지원이 전적으로 거부되거나 방해를 받을 때 적십자는 안전보장이사회에 이들을 대변해야 한다. ICRC는 안전보장이사회가 예외조항을 명시하지 않았다 할지라도 인도주의적인 예외는 항시 인정되어야 함을 주장한다.

인도주의 단체에게는 언제, 어디서나 중립적이고 공평한 입장에서 인간의 고통을 경감하는 것이 최대의 관심사이다. 분쟁의 소용돌이에 휘말린 민간인들은 제재 여부에 상관없이 적절한 의료혜택을 받을 권리가 있으며, 제재 여부에 상관없이 민간인의 아사(餓死)는 용납될 수 없다.

| 세비야 합의서 |

국제적십자운동 구성요소들의
국제활동 조직에 관한 합의서

Agreement on the Organization of the International Activities of the
Components of the International Red Cross and Red Crescent Movement

전 문

제I장 총 칙
제1조 합의서의 범위
제2조 합의서의 목적과 취지
제3조 지침이 되는 원칙
제4조 관리원칙

제II장 국제구호 활동
제5조 국제구호 운영의 조직
제6조 국제구호 운영의 전반적 지휘와 조정에 대한 책임

제III장 국제적십자운동의 강화 : 발전과 기능상의 협력
제7조 각국 적십자사의 발전
제8조 국제적십자운동 구성요소들간의 기능적 협력
제9조 커뮤니케이션과 국제적십자운동 기본원칙 및 국제인도법

제IV장 이행 및 최종규정
제10조 이행
제11조 최종규정

전문(前文)

　국제적십자운동의 사명은 "어디서든지 인간의 고난을 예방하고 경감하며, 특히 무력충돌과 그밖의 위급한 경우에 있어서 생명과 건강을 보호하고 인간존중을 보장하며, 질병예방과 위생, 사회복지 증진을 위하여 활동하고, 적십자 구성원들이 도움을 줄 수 있도록 자원봉사와 지속적인 준비 및 적십자의 보호와 원조를 필요로 하는 모든 사람들에 대한 보편적 결속을 고취"시키는 데 있다.

　이러한 공동의 사명을 성취하는 데는 적십자를 구성하는 모든 요소들의 협력과 참여를 요한다. 공정하고 인도적인 보호와 원조를 필요로 하는 모든 사람들의 욕구에 신속성, 융통성, 창조성을 가지고 부응하기 위하여 이 구성요소(국제적십자위원회, 국제적십자사연맹, 각국 적십자사)는 힘을 합해 그 다양성을 활용해야 한다. 이 구성요소들은 상호신뢰의 정신으로 효율적 협력을 통해 적십자의 목적을 달성하고, 자원의 효율적 동원을 확보하기 위해 분명한 목적의식과 공동사명에 근거하여, 건전하고 예측 가능한 기반 위에서 국제활동을 조직해야 한다. 이것은 성격은 다르지만 밀접한 관계와 보충적 역할 및 권한을 가진 구성요소들간에 국제적십자운동 기본원칙과 국제적십자운동 정관의 준수 및 명확히 분할된 임무를 연결하여 함께 일하는 협력을 의미한다.

　이 합의서는 운영관리서 또는 양해성명서보다 상위(上位)이다. 이것은 적십자 구성원들간의 태도에 있어서 커다란 변화를 추구한다.

협조정신의 채택으로 적십자의 모든 구성원들은 세계적인 인도적 사업의 동반자로서 다른 구성원들의 기여를 소중히 여긴다. 이것은 단순히 업무분담에 관한 것이 아니라 협력에 관한 합의서이며, 국제적십자운동 정관에 따라 적십자 구성요소들이 긴밀한 협력을 통해 수행해야 하는 모든 국제활동에 적용된다. 이 합의서는 적십자 구성요소 개개의 특수 능력의 분야와 보충적 역량을 이용하여 최대한의 효과를 달성하도록, 적십자 구성원들이 수행하는 임무에 관한 명확한 지침을 설정하며, 상황의 변화에 따른 활동의 연속성을 규정하고, 구성요소들간의 보다 강력한 일체감과 결속, 상호신뢰성, 책임분담을 목표로 한다.

적십자 구성요소들의 국제활동 조직에 관한 이 합의서는 각 구성체가 이렇게 설정된 목표를 가지고 다음의 세 가지 주요 목적을 달성하도록 새로운 공동전략의 필수요소를 제정한다.

- 국제적십자운동의 많은 자원을 최대한 효과적으로 활용함으로써 인도적 욕구에 보다 효과적으로 부응하는 일.
- 인도적 원칙과 국제인도법을 더욱 존중하고 장려하는 일.
- 적십자의 모든 구성요소가 최대한으로 협력할 수 있도록 더욱 강력한 국제적십자운동을 만들어내는 일.

제1장 총칙

제1조 합의서의 범위

1.1 이 합의서는 국제적십자운동 정관과 제네바협약이 위임한 활동을 제외하고 구성요소가 양자 또는 다자 협력에 의해 수행할 국제활동에 적용된다.

1.2 구성요소들의 "국제활동"은 국제적십자운동 정관 제3조 3항과 5항에 규정된 각국 적십자사 활동과 동 정관 제5조 2, 3, 4항에 규정된 국제적십자위원회 활동 및 동 정관 제6조 3, 4, 5항에 규정된 국제적십자사연맹 활동을 말한다.

1.3 이 합의서는 국제적십자운동 정관 제7조 1항에 의거, 다음 구성요소들간의 양자 또는 다자 협력으로 수행되는 국제활동 조직에 대해 규정한다.

― 각국 적십자사와 국제적십자사연맹 간
― 각국 적십자사와 국제적십자위원회 간
― 각국 적십자사 상호 간
― 국제적십자위원회와 국제적십자사연맹 간
― 국제적십자위원회와 국제적십자사연맹 및 각국 적십자사 간

1.4 이 합의서의 어떤 조문도 제네바협약과 추가의정서 및 국제적

십자운동 정관에 규정된 각 구성요소의 독특한 역할과 권한을 제한 또는 감손(減損)시키는 것으로 해석되어서는 안 된다.

제2조 합의서의 목적과 취지

합의서의 목적과 취지는 다음과 같다.

a) 국제적십자운동의 인적·물적·재정적 자원의 효과적 사용을 증진시키고, 자연적 또는 기술적 재해와 그밖에 평화시의 긴급상황과 재난상황에 처한 취약 계층 사람들은 물론 무력충돌이나 국내 분쟁과 이들의 직접적인 결과로 발생하는 희생자들을 위한 구호활동 및 발전사업에 있어서 가능한 한 신속하게 이들 자원을 동원하는 일.
b) 위의 제2조 a)항에 언급된 상황에서 구성요소들간에 더욱 긴밀한 협력을 증진시키는 일.
c) 각국 적십자사가 국제적십자운동의 국제활동에 보다 효과적으로 참여토록 하기 위하여 적십자사의 발전을 강화하고 협력을 증진시키는 일.
d) 국제적십자운동 안에서 구성요소 각각의 정의와 국제활동 조직 및 임무에 관하여 서로의 의견 차이를 제거하는 일.
e) 국제적십자위원회와 국제적십자사연맹 및 각국 적십자사 간의 기능적 협력을 강화하는 일.

제3조 지침이 되는 원칙

구성요소들의 국제활동 조직은 항상 국제적십자운동을 인도(引導)하는 가치관과 원칙에 의하여 결정되며, 이들은 다음 문본에 기술되어 있다.

- 국제적십자운동 기본원칙
- 국제적십자운동 정관
- 제네바협약과 추가의정서

제4조 관리원칙

이 합의서에서 "선도역할(lead role)"과 "선도기구(lead agency)"로 정의되는 두 가지 조직상의 개념은 국제적십자운동 정관에 함축되어 있다.

A) 선도역할

4.1 제네바협약과 국제적십자운동 정관은 각 구성요소에게 특정 권한을 위임하여 그러한 문제에 있어서 선도역할을 하도록 한다.

4.2 선도역할의 개념은 그러한 문제에 대한 권리와 책임을 지닌 그 밖의 파트너의 존재를 의미한다.

B) 선도기구

4.3 선도기구라는 개념은 국제적으로 운영되는 활동을 관리하는 조직상의 도구이다. 어떤 주어진 상황에서 한 기구가 선도기구의 기능을 위임받게 되며, 국제적으로 운영되는 활동의 전반적인 지휘와 조정역할을 수행하게 된다.

4.4 선도기구라는 개념은 일차적으로 위의 제2조 a)항에서 언급된 긴급상황에 적용되며, 그 경우 이재민들의 대규모의 욕구와 그에 부응할 해당 적십자사의 능력에 대한 평가에 근거하여 그 욕구에 부응하는 데는 신속하고 일관성 있으며 효과적인 구호를 요한다.

4.5 선도기구의 책임과 전반적인 지휘하에서 구성요소들간의 효과적인 조정은 적절한 협의장치의 설립과 참여하는 모든 기구들이 조정규칙과 절차를 지킨다는 약속을 전제로 한다.

4.6 운영의 효율성은 적절한 사전훈련과 운영을 맡아서 할 사람들의 준비에 좌우된다(긴급대비).

제Ⅲ장 국제구호활동

제5조 국제구호운영의 조직

5.1 선도기구가 필요한 상황

A) 제네바협약과 추가의정서 및 국제적십자운동 정관이 의미하는 국제적 및 비국제적 무력충돌과 국내 분쟁 및 이들의 직접적인 결과.

a) 제네바협약과 이 합의서에서 의미하는 "무력충돌 상황"이라는 말은 그 충돌로 인한 희생자 보호와 원조에 관한 한 무력충돌 당사국 영토전역을 포함한다.
b) 제네바협약에서 의미하는 "충돌의 직접적인 결과"란 말은 전반적인 평화회복이 이루어질 때까지 구호를 필요로 하는 충돌 희생자들이 남아 있는 상황에서는 적대행위 종료 후에도 연장되어 적용된다.
c) "충돌의 직접적인 결과"란 말은 또한 전반적인 평화회복이 이루어져 특별히 중립적이고 독립적인 기구이며 중재자인 국제적십자위원회의 개입이 더이상 필요하지는 않지만 충돌 이후의 기간 동안 특히 복구 및 재활사업이라는 정황에서 구호를 요하는 희생자들이 잔존하는 상황에도 적용된다.
d) "충돌의 직접적인 결과"란 말은 특히 대규모 난민 이동 이

후, 충돌 당사국도 아니며 국내 분쟁의 영향도 받지 않는 국가의 영토에서 충돌 희생자들이 발견되는 상황에도 적용되어야 한다.

B) 수혜국 적십자사(Operating National Society)의 운영능력을 초과하는 자원을 필요로 하여 적십자 재해구호 원칙과 규정의 적용이 요청되는 평화시의 자연적 또는 기술적 및 그밖의 긴급한 재해상황

C) 자연적 또는 기술적 재해를 동반한 무력충돌

5.2 무력충돌과 국내분쟁 : 식별의 요소

이 합의서의 적용과 구성요소들의 국제활동 조직을 위하여 :

a) 무력충돌은 무력행위가 둘 또는 그 이상의 당사국들간에 발생하여 최소한의 조직을 가져올 때 존재한다.
b) 국내 분쟁은 무력행위를 반드시 포함하는 것은 아니며, 정치적, 종교적, 인종적, 사회적, 경제적, 또는 그밖의 원인으로 집단검거, 강제실종, 보안상 이유의 구금, 사법상의 보장 중지, 긴급사태 선포, 계엄령 선포 같은 특징 중 하나 또는 그 이상의 것을 수반하는 장기간의 심각한 폭력행위나 폭력이 잠재된 상황을 의미한다.

5.3 각 구성요소의 선도기구 역할

5.3.1 제5.1조 A항과 a), b) 및 C항(자연적 및 기술적 재해를 동반한 무력충돌)에서 언급된 바와 같이 국제적 및 비국제적 무력충돌과 국내 분쟁 및 이들의 직접적인 결과로 인한 상황에서 제4조의 규정에 따라 국제적십자위원회가 선도기구로 활동한다.

5.3.2 제5.1조 A항의 c, d 및 B항(수혜국 적십자사의 운영능력을 초과하는 자원을 필요로 하는 평화시의 자연적·기술적 재해와 그밖의 긴급한 재해)에서 언급된 상황의 경우 국제적십자사연맹이 선도기구로 활동한다.

5.3.3 각국 적십자사는 상황에 따라서 국제적십자운동 정관 제3조 3항에 규정된 바와 같이 국제적십자위원회나 국제적십자사연맹과 협력할 것을 전제로 자국 영토 내에서 국제구호의 조정이 필요한 선도기구의 기능을 맡을 수 있다.

5.3.4 국제적십자위원회가 이미 활동중인 충돌상황에서 자연적 또는 기술적 재해가 발생할 경우 국제적십자위원회는 구호를 용이하게 하기 위하여 추가되는 적절한 전문기술 제공을 국제적십자사연맹에 요청한다.

5.3.5 국제적십자사연맹이 구호활동을 진행하고 있는 상황에서 무력충돌 또는 국내 분쟁이 발생한 경우 이 합의서 제5.5조의

규정에 따라 경과규정이 적용된다.

5.4 의외의 상황

제II장 제5.1조와 제5.3조에 언급된 상황에 속하지 않는 의외의 상황을 다루는 데 있어서 직접적으로 해당되는 국제적십자 구성요소는 선의와 상식으로 국제적십자운동 기본원칙과 정관에 인도되고 희생자들을 위하여 전체 적십자운동 내에서 운영상 최대한의 효율성과 조화로운 협력을 보장하는 책임을 진다.

5.5. 경과규정

5.5.1 상황변화의 결과 이 합의서의 관련 조문에 따라 국제구호 운영의 지휘 및 조정 책임이 국제적십자위원회나 국제적십자사연맹으로부터 이전되는 곳에서 현재의 선도기구는 수혜국 적십자사의 동의와 참여국 적십자사의 상의를 거쳐 선도기구의 기능을 인계받을 해당 구성요소가 새로운 국제구호 활동 운영과 관리의 효율적이고 조화로운 임무 인계를 보장하기 위한 모든 적절한 조치를 취해야 한다.

5.5.2 단계적으로 철수중인 국제구호 운영에서 재정적으로 기여한 기부자들이 동의할 경우 활용 가능한 기금과 물자 및 현장에 배치된 보급물자들은 새로운 운영 목적에 적합하다면 차후 운영의 전반적 지휘와 조정을 책임지는 선도기구가 그 처분을 맡는다.

5.6 각국 적십자사가 하는 그밖의 국제구호활동

5.6.1 희생자들의 욕구가 선도기구하의 국제구호 운영 조직을 요하지 않는 상황에 있어서 충돌 또는 재해의 영향을 받은 국가의 적십자사에 직접 원조를 제공하는 적십자사는 상황에 따라 국제적십자위원회나 국제적십자사연맹에 즉각 통지해야 한다.

5.6.2 자연적 또는 기술적 재해의 경우 이웃한 적십자사간의 상호 긴급구호 원조 합의와 적십자사간의 양자 또는 다자간 발전 합의서 사본을 국제적십자사연맹에 통보해야 한다.

5.6.3 하나 또는 몇몇 적십자사가 국제적십자위원회나 국제적십자사연맹에 원조를 요청하거나 그들 중 한 적십자사에 구호물자를 제공한다는 사실은 결코 이 합의서에서 규정한 두 기구 간의 기능과 책임의 구성을 수정하는 것으로 간주되어서는 안 된다. 그 경우 자격을 지니지 않은 기구는 관련 적십자사 또는 적십자사들에게 이러한 내용을 통지해야 하며, 자격 있는 기구에 지체없이 그 문제를 위탁해야 한다.

5.7 운영상의 어려움

5.7.1 국제적십자위원회나 국제적십자사연맹이 지휘, 조정하는 국제구호 운영이 장기간 어려움을 겪게 되는 경우 선도기구는

운영의 장애가 오로지 피해자들의 이익을 위해 그 장애가 가능한 한 조속히 극복될 수 있도록 결집된 영향력을 발휘하기 위하여 관련 구성요소들과 상의해야 한다.

5.7.2 적절하다면 선도기구와 관련 구성요소들이 그들 각각의 임무나 이 합의서에 규정된 임무의 조직에 영향을 주는 선례로서 결코 간주되어서는 안 되는 임시조치의 이행을 합의에 의해 결정할 수 있다.

5.8 유엔 전문기구

5.8.1 적십자사가 유엔 전문기구와 협력 합의서의 체결을 희망할 경우 국제적십자운동 구성요소간에 단일성과 독립성을 보존할 응집력 있는 접근책을 유지하기 위하여 국제적십자위원회 및/또는 국제적십자사연맹에 알려야 한다.

5.8.2 그러한 적십자사는 특히 국제적십자사연맹 및/또는 국제적십자위원회와 공동으로 이행해야 하는 UNHCR과의 공식적인 합의에 이르게 될 수 있는 어떠한 협상에 대해서도 국제적십자사연맹 및/또는 국제적십자위원회에 알려야 한다.

제6조 국제구호 운영의 전반적인 지휘와 조정에 대한 책임

6.1 국제적십자위원회나 연맹이 선도기구로 국제구호 운영의 전반적 지휘와 조정을 행사하는 이 합의서에 규정된 상황에서 그 기능은 다음과 같은 책임을 수반한다.

6.1.1 일반적 책임

    a) 희생자들과의 접촉과 그들의 욕구에 대한 공정한 평가를 근거로 하여 국제구호 운영 전반적인 목표를 정하는 일.
    b) 이 목표의 이행을 지휘하는 일.
    c) 구호 운영 내에서 모든 활동이 효과적으로 조정되는 것을 보장하는 일.
    d) 적십자 파트너들과 적절한 협의체제를 구축하는 일.
    e) 다른 기구(정부 또는 비정부)들의 인도적 활동이 희생자들을 위한 것이며 국제적십자운동 기본원칙을 따르고 있을 경우 적십자의 구호운영을 이러한 기구의 인도적 활동과 조정하는 일.
    f) 국제구호 활동에 대한 대변인으로서의 활동과 공공의 이익에 대해 적십자 파트너들의 호응을 조직적으로 수립하는 일.
    g) 구호 운영을 위한 재정자원 동원과 필요시 그밖에 직·간접적으로 관련 적십자 활동의 통합을 호소하는 일.
    h) 국제구호 운영을 위해 동원된 자원을 수혜국 및 참여국 적십자사가 안전하고 효과적인 방식으로 처리하는 것을 보장

하는 일.
i) 프로젝트 대표단이 참여국 및 수혜국 적십자사 간의 양자 또는 다자간 협력 합의를 추진하는 일.

6.1.2 특수한 책임

A) 국제적십자위원회가 선도기구의 직무를 수행하는 상황에서 :

a) 국제인도법의 관련 규정과 국제적십자운동 기본원칙 중 중립·독립·공평의 원칙에 따라 모든 충돌 당사국과의 관계와 접촉을 확립하여 유지하고, 희생자들을 위한 국제구호 운영에 필요한 조치를 취하는 일.
b) 충돌 당사국 및 제네바협약 체약 당사국 정부 대표와 상대하여 국제구호 운영에 대한 궁극적 책임을 맡는 일.
c) 가능한 한 최대 한도로 현지에서 구호 운영에 종사하는 요원의 신체적 안전을 보장하는 데 필요하다고 입증된 여하한 조치의 적용을 규정하고 보장하는 일.
d) 보호목적의 적십자 표장 사용과 관련된 시행법규의 존중을 보장하는 일.
e) 관련 적십자사들과 협의하여 구호 운영 진행과정과 관련된 발표문을 작성하는 일.

B) 국제적십자사연맹이 선도기구의 직무를 수행하는 상황

에서 :

a) 참여국 및 수혜국 적십자사들이 "적십자 재해구호 원칙과 규정(1995)" 및 "재해구호에 있어서 국제적십자운동 및 비정부 기구들의 행동강령(1995)"에 따르도록 보장하는 일.
b) 가능한 모든 형태의 구호를 위한 동원 및 조정을 허용하기 위하여 재해에 관한 신속한 정보를 각국 적십자사에 제공하는 일.
c) 긴급한 국면이 지난 후, 재활과 복구계획의 확립과 발전을 촉진하고, 이러한 목적을 위해 자매 적십자사의 지원을 동원하는 일.
d) 해당국 적십자사의 동의와 지원국 적십자사와의 협의를 거쳐 국제구호 운영의 종결시점에서 활용 가능한 물자나 기금의 사용을 결정하는 일.

6.2 적십자사가 자국 영토 내에서 국제구호 운영 조정

6.2.1 고려사항

―상황의 본질과 운영 이행에 따르는 결과적 제약
―충족되어야 할 욕구의 범위
―배치할 병참수단
―필요한 활동을 해당 적십자사가 국제적십자운동 기본원칙

에 따라 효율적으로 담당하기 위한 대비와 능력

국제적십자위원회나 국제적십자사연맹이 규정한 일반목적에 동의하고 이에 근거할 것을 전제로 하여 사정에 따라 적십자사는 자국 영토 내에서 국제구호 운영의 조정을 맡는 선도기구로 활동할 수 있다.

6.2.2 이러한 상황에서 자국 영토 내에서의 적십자사 조정기능은 기본적으로 다음의 책임을 포함한다.

a) 국제구호 운영을 위하여 규정된 전반적 목표의 이행을 지휘하는 일.
b) 국제구호 운영을 위해 참여국 적십자사가 보내는 요원들을 수혜국 적십자사가 자기 권한 아래에 놓고 업무를 지휘하는 일.
c) 대표단을 두고 지역적으로 활동중인 다른 단체(정부 또는 비정부)의 인도적 활동이 희생자들을 위한 것이고 국제적십자운동 기본원칙을 따르고 있을 경우 적십자 구호 운영과 이러한 단체들의 인도적 활동을 조정하는 일.
d) 공공의 관심에 부응하기 위하여 국제구호 운영의 대변인으로 활동하는 일.
e) 적십자 표장 사용과 관련된 시행법규의 존중을 보장하는 일.
f) 국제구호 운영이 "적십자 재해구호 원칙과 규정(1995)" 및 "재해구호에 있어서 국제적십자운동과 비정부 기구들의

행동강령(1995)"에 따라서 수행되고 인도되는 것을 보장하는 일.

g) 국제적십자위원회 및/또는 국제적십자사연맹을 통하여 국제구호 운영을 위해 활용토록 주어진 재정적·물적 자원이 경우에 따라 안전하고 효과적인 방식으로 처리되는 것을 보장하는 일.

h) 경우에 따라, 제시된 전반적인 목적을 충족시키는 데 필요한 재원을 동원하기 위하여 국제 호소에 호응한 기부자들에게 국제적십자사연맹이나 국제적십자위원회가 보고할 수 있도록 구호활동 진행에 관하여 필수적이고 적절한 정보를 제공하는 일.

제Ⅲ장 국제적십자운동의 강화 : 발전 및 기능적 협력

모든 구성요소들은 각기의 잠재력을 최대한 실현하기 위해 서로 돕고 광범위한 발전 접근법을 고안하는 데 있어서 건설적인 상호보충 정책을 받아들이기 위해 노력해야 한다.

제7조 각국 적십자사의 발전

7.1 각국 적십자사는 자체의 발전에 대해 우선적인 책임을 진다.

7.1.1 각국 적십자사는 형편이 허용하는 한 양자 혹은 다자간의 발

전합의에 의하여 원조를 요하는 다른 적십자사의 발전에 기여해야 한다.

7.1.2 그러한 합의는 국제적십자사연맹 총회에서 채택된 관련 정책과 전략을 고려해야 한다.

7.2 국제적십자사연맹은 각국 적십자사의 발전 활동과 국제적 발전계획 지원조정에 있어서 선도역할을 한다. 국제적십자위원회는 그 정관의 핵심 권한 내에 속한 사항에 대해 지원을 제공한다.

7.2.1 발전 활동에 있어서 국제적십자사연맹의 특수 임무에는 다음 사항이 포함된다.

    a) 다른 구성요소들과의 협의하에 국제적십자운동을 대표하여 발전 정책을 수립하고 검토하는 일.
    b) 각국 적십자사 발전계획과 사업제안서 작성을 지원하는 일.
    c) 프로그램 입안(立案)과 기획을 위한 표준과 지침을 제공하는 일.
    d) 발전을 위한 자원의 동원과 배정에 관한 범주를 정하는 일.

7.2.2 국제적십자위원회는 국제적십자사연맹과의 조정을 거쳐 다음 사항에 있어서 각국 적십자사의 발전에 기여해야 한다.

a) 각국 적십자사의 설립과 재조직에 있어서 기술적 및 법률적으로 지원하는 일.
b) 각국 적십자사의 국제인도법과 국제적십자운동 기본원칙 보급활동을 지원하는 일.
c) 국제인도법의 장려와 이의 이행을 보장하기 위하여 취해지는 조치에 각국 적십자사를 포함시키는 일.
d) 충돌상황에서의 활동을 위하여 각국 적십자사를 준비시키는 일.
e) 임무와 관련된 분야에서 각국 적십자사 요원 연수에 기여하는 일.

7.2.3 무력충돌 상황과 국내 분쟁 및 그 직접적인 결과에 있어서 국제적십자위원회가 이 합의서 제5.3조의 규정에 따라 선도기구로서 활동하며, 희생자들을 위하여 구호 운영의 지휘 및 조정의 책임이 있다는 것에 유의하면서, 국제적십자사연맹은 관련 국가의 적십자사 발전 지원을 계속할 수 있다.

7.2.4 무력충돌 상황과 국내 분쟁 및 그 직접적인 결과에 있어서 국제적십자위원회는 그 운영능력을 강화하기 위하여 관련 수혜국 적십자사와의 협력을 확대할 수 있다. 그 경우 국제적십자위원회는 이와 관련된 해당 적십자사와 국제적십자사연맹의 계획을 조정해야 한다.

7.2.5 적십자사가 그 본연의 모습을 보호하지 못하고 국제적십자운

동 기본원칙에 따라 활동할 수 없게 되었다는 것이 국제적십자위원회와 국제적십자사연맹 중 한 기구에 분명해진 경우, 언제라도 두 기구는 공동으로 또는 개별적으로 조치를 취하는 데 있어서 권장할 만한 일을 서로 상의해야 한다. 개별적으로 조치를 취하는 경우 취할 조치와 그에 따른 결과를 상호 통보해야 한다.

제8조 국제적십자운동 구성요소간의 기능적 협력

8.1 국제적십자운동 구성요소들간의 결집된 행동은 일반적 또는 특수한 사례시 취하는 긴급한 조치는 물론 그밖의 모든 분야의 활동에 있어서 서로의 협력과 조정에 좌우된다.

8.2 국제적십자위원회와 각국 적십자사, 국제적십자사연맹 간의 기능적 협력은 특히 다음의 국제 활동에 적용된다.

a) 각국 적십자사의 설립과 승인 및 그 본연의 모습 보호
b) 적십자 표장의 사용과 존중
c) 국제구호 운영을 위한 인적 자원의 개발과 연수 및 요원의 준비
d) 대표단 차원에서의 협력
e) 국제 활동의 현장에 있는 국제기구와 비정부기구, 그밖의 관계자들과의 관계
f) 국제적 모금의 조정

8.3 이 합의서의 제3조 및 제4조에 약술된 원칙은 국제적십자위원회와 국제적십자사연맹이 특수분야에 있어서 기구적 또는 지역적 차원의 협력을 조직하기 위하여 체결하기를 희망하는 특별한 근거에서 보다 상세한 양자 합의를 위해 참고가 되는 틀로 사용될 수 있다.

8.4 구성요소들간의 기능적 협력의 발전과정과 외부 환경 변화에 부응하는 이러한 발전과정의 진전을 위한 기회는 국제위원회와 국제적십자사연맹 내에서 국제 활동에 책임이 있는 자가 각국 적십자사들과 함께 욕구를 분석하고 이를 예상하기 위하여 지속적인 대화와 정례적인 협의를 함으로써만 향상될 수 있다. 개개의 특수분야에 관 한 주도권은 해당 분야에서 선도역할을 하는 기구에 의하여 취해지는 것이 최선이 다.

제9조 커뮤니케이션과 국제적십자운동 기본원칙 및 국제인도법

9.1 홍보 및 정보

9.1.1 국제적십자위원회와 적십자사연맹 및 각국 적십자사는 홍보에 있어서 그들 각자의 기능을 수행하고, 그것에 의하여 국제적십자운동 내에서의 그들 각자의 역할을 일반 대중에게 알리는 한편, 일반 대중에게 국제적십자운동의 하나의 공통된 이미지 제시와 국제적십자운동에 대한 이해를 더욱 크게 하는 데 기여하기 위하여 그들의 활동을 조화롭게 하여야 한다.

9.1.2 인도적 원칙을 창도(唱導)하는 데 있어서 최대한의 효과를 보장하기 위하여 그러한 취지로 국제적십자운동 대표자회의가 선포한 정책에 따라 국제적십자운동 구성요소들은 캠페인 조정과 커뮤니케이션 방법의 개발에 있어서 협력해야 한다. 필요한 경우, 어떤 구성요소가 선도역할을 할 것인지를 고려하여 그러한 취지의 기법을 제안할 수 있다.

9.2 국제적십자운동 기본원칙

9.2.1 국제적십자운동의 모든 구성요소는 국제적십자운동의 구성요소들과 법정기구가 기본원칙을 존중하는 것을 보장해야 한다.
9.2.2 국제적십자위원회는 기본원칙의 보전과 보급에 있어서 선도역할을 한다. 국제위원회와 연맹은 각국 적십자사가 기본원칙을 보급하는 데 협력해야 한다. 각국 적십자사는 자국 내에서 기본원칙을 고취하고 보급하는 데 있어서 주도적 역할을 한다.

9.3 국제인도법

9.3.1 국제적십자위원회는 국제인도법을 장려 · 발전 · 보급하는 데 있어서 선도적 역할을 한다. 연맹은 국제인도법의 장려와 발전에 있어서 국제위원회를 지원하고, 각국 적십자사에 인도법을 보급하는 데 있어서 국제위원회와 협력해야 한다.

9.3.2 각국 적십자사는 국제인도법을 보급하고 자국 정부가 인도법을 보급하는 것을 지원해야 하며, 국제인도법의 존중과 적십자 표장의 보호를 보장하기 위하여 자국 정부와 협력해야 한다.

제IV장 이행 및 최종규정

제10조 이행

10.1 국제적십자운동의 모든 구성요소들은 국제적십자운동 정관 제17조에 따라 국제활동 조직에 있어서 이 합의서의 존중과 이행을 약정한다.

10.2 각 구성요소(국제적십자사연맹, 국제적십자위원회, 각국 적십자사)는 각자 이 합의서 규정의 이행을 책임지며, 자체의 봉사원과 직원들에게 알려야 한다.

10.3 국제적십자위원회와 적십자사연맹은 이 합의서 규정의 이행에 관한 자체의 책임 외에 지휘와 조정역할 때문에 전체적으로 이 합의서를 충분히 존중하고 이행하는 것을 보장할 특별한 책임을 가진다.

10.4 국제활동에 있어서 선도기구로 활동하도록 자주 요청받는 기구로서 국제적십자위원회와 연맹은 다음의 필요성이 있다.

―공동 관심사항인 세계적 활동 정보를 공유하는 일.
―구성요소들간의 원활한 협력을 방해할 가능성이 있는 어려움을 토의하는 일.

어떤 해결책이 이 욕구를 충족시키는 데 가장 적합한지를 합의하는 것은 이들 두 기구가 할 일이다.

10.5 상치위원회는 국제적십자운동 정관 제18조가 부과한 역할에 따라 국제적십자위원회와 연맹에 이 합의서 이행에 관한 보고를 연례적으로 요청해야 하며, 이 보고는 협의절차의 한 부분으로서 모든 적십자사에 전달된다.

10.6 상치위원회는 합의서를 대표자회의 때마다 안건에 포함시켜야 하며, 그렇게 함으로써 이 합의서의 정례적인 검토절차를 수립하게 된다.

10.7 만약 이 합의서의 이행에 관하여 구성요소들간에 의견차이가 제기되고, 그러한 의견차이가 달리 해결될 수 없다면 상치위원회는 설득과 조정이 실패할 경우 국제적십자운동 구성요소들간의 의견차이를 중재하기 위하여 필요한 경우 적절한 때에 당사자들의 동의를 얻어 독립된 특별기구를 설립할 수 있다.

제11조 최종규정

이 합의서는 국제적십자위원회와 적십자사연맹간에 체결된 1989년 합의서를 대체한다. 이 합의서는 1997년 11월 27일 스페인의 세비야에서 개최된 대표자회의의 결의 제6호로 만장일치로 채택되었다.

제5장
국제인도법

1. 인도법이 탄생하기까지

  1863년 적십자의 창설과 1864년 최초의 제네바협약 채택이 국제인도법의 효시를 이루었다고 주장한다면 그것은 틀린 주장이다. 마찬가지로 어느 사회나 비록 원초적이기는 해도 일상생활을 지배하는 어떤 내재하는 규칙을 갖고 있으며, 어떤 전쟁이든 전쟁 발발시부터 적대행위 종료까지 행위를 지배하는 어떤 막연한 또는 특수한 규칙이 있게 마련이다.
  장 뻭떼는 이렇게 말했다.
  "국제인도법이 전쟁의 참화를 끝낼 수 있다고 주장하지는 않지만 전쟁의 불필요한 가혹함을 약하게 하는 것을 목표하고 있다."
  바꾸어 말해서 최초로 분쟁이 일어난 이래 전투원들은 전투를 위한 규정을 정해 폭력을 제한해왔다. 이러한 규정들이 때때로 인도적인 규정으로 알려지고 있다.
  옛날 이야기지만 적절한 예의 하나로 우물에는 독을 넣지 말아야 한다는 규칙을 들 수 있다. 정복자에게 정복 영토 내의 독을 풀어 넣은 우물은 정복을 무의미하게 만들 것이다. 왜냐하면 식수가 없는 영토란 아무짝에도 쓸모가 없기 때문이다. 게다가 그 지역의 주민들에게는 자신들의 우물에 독을 넣는 행위는 집단자살과 마찬가지이기 때문이다. 그러므로 그러한 불신의 행위를 피하는 것은 적수들의 상호 관심사이다.

예전의 규례 가운데 또 한 가지 예로, '신의 휴전' 기간중 적대행위가 일시적으로 중단되어 부상자들을 돌보는 일이나 종전(終戰) 협상이 가능하도록 했다. 예를 들어 적군을 몸값을 받고 풀어주는 것이 죽이는 것보다 전쟁의 잔혹성을 어느 정도 줄여주었다.

또 다른 전투규칙 또는 인도주의적 규칙 가운데 점차 전투원들에게 부과되고 있는 것은 여자들과 어린이들을 보호해야 한다는 규정이다. 사실 적대행위의 목적은 새로운 영토를 정복하는 것뿐 아니라 노예를 삼는 것이었다. 노예들로 인해 정복자는 새로운 노동력을 얻거나 교환수단을 얻었다. 임신한 여인들을 보호하는 것은 현실적으로 아기가 사내아이일 경우 장래의 병사를 돌보는 셈이 되는 것이다. 이러한 예가 여자 노예들의 아들로만 구성된 터키 부대의 근위병들이다.

기껏해야 교전국들은 부상병들이나 포로에 관련된 몇 가지 인도주의적 규정이 담긴 협정에 서명했을 것이다. 그러나 그러한 협정은 그 전투에서만 유효하다. 따라서 적용범위는 어느 한 때 한 곳으로 그 적용이 한정되었던 것이다.

결론적으로 말해서 최초의 전투시부터 존재한 모든 전쟁 규정과 그 밖의 규정들은 사실 '전쟁법(law of war)'인데 당시에는 그러한 이름이 알려져 있지 않았을 뿐이다. 이 법은 여러 가지 다른 형태의 문명에 따라 윤리와 일반적인 법의 발달, 그리고 전쟁수단 자체의 발달로 계속 역사와 함께 발전되어왔다. 그러므로 그러한 규정들은 1864년 협약보다 훨씬 전으로 거슬러 올라가지만 단편적이고 표준화되지 않았으며 체계적으로 적용된 것도 아니었다.

앙리 뒤낭과 그밖의 적십자와 ICRC 창립 멤버들의 위대한 공적 가운데 하나는 일관성 있고 국제적이며 항구적이고 현대적이며 보편적으로 적용되고 누구에게나 알려진 인도법의 도래를 위해 필요한 조건을 이들이 만들어냈다는 점이다. 여기서 그들은 선구자로서 활약했으며 그들의 활동은 인류역사의 한 분수령을 이루었다. 따라서 적십자와 당시의 인도주의 법은 동시에 생겨난 것이었다.

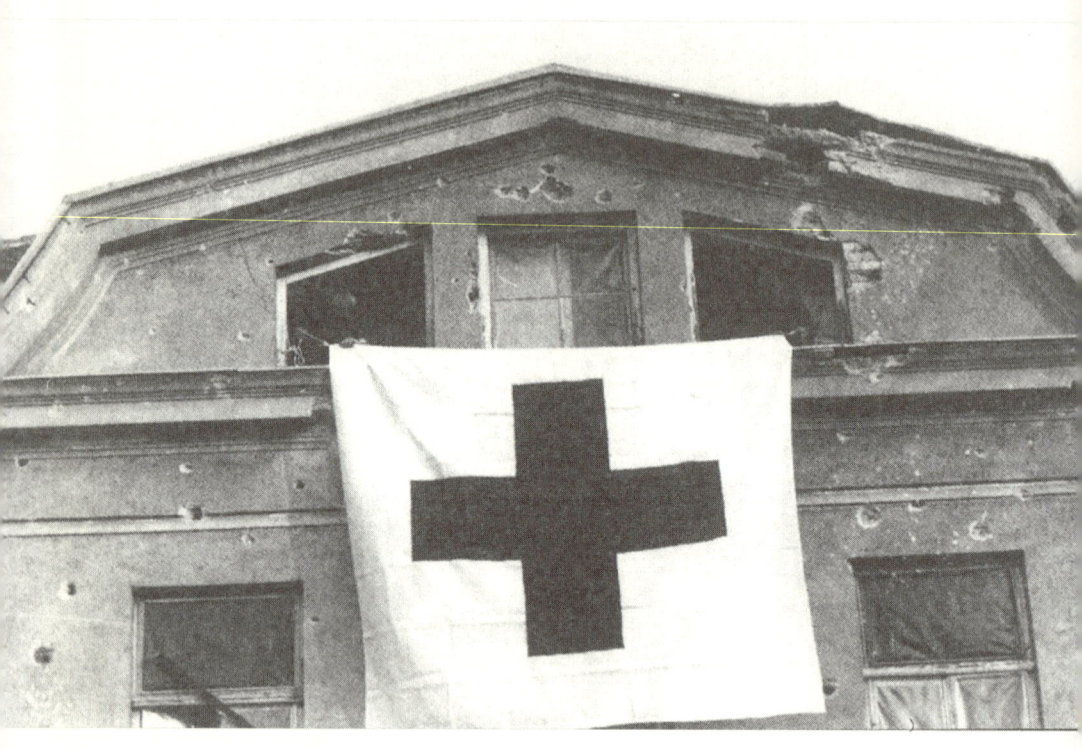

구유고 사태시 ICRC 대표단 건물.

2. 국제인도법의 정의

국제인도법은 국제공법의 한 분야로서 인간애에 기초한 인간의 보호에 초점을 맞춘 법이다(장 삑떼).

ICRC는 국제인도법을 다음과 같이 정의하고 있다.

국제인도법은 조약에 근거했든 관습적이든 간에 국제적 또는 비국제적 무력충돌의 직접적인 결과인 인도주의적인 문제를 특별히 다루는 일련의 국제적인 규정이다.

이러한 규정은 인도주의적인 이유로 충돌 당사자가 전쟁수단과 방법을 선택할 권리를 제한하며 무력충돌로 영향을 받거나 받을 수 있는 사람 또는 사물을 보호한다.

국제인도법은 때때로 '무력충돌법' 또는 '전쟁법'이라고 부르기도 한다. 주로 충돌행위에 적용되는 후자의 표현은 또한 희생자 보호를 위한 규정도 포함한다. 세 가지 표현 다 일반적으로 같은 것을 의미하며 어떤 표현을 선택하는가는 주로 관습이나 적용 대상에 따른다. 예를 들어 국제기구나 대학, 국가들은 '인도법' 또는 '무력충돌법'이라는 표현을 선호하는 반면 군대는 '전쟁법' 또는 '무력충돌법'이라는 표현을 주로 사용한다.

국제인도법은 제네바협약에 국한되지 않는다. 제네바법은 헤이그법으로 보완된다.

제네바법의 목적은 군사적 목적에 모순되지 않는 범위 내에서 최대한으로 인간존중을 보장하는 데 있다. 바꾸어 말해서 제네바협약은 전투력을 상실한 군사요원과 적대행위에 가담하지 않는 사람들을 보호하는 것을 그 목적으로 하고 있다.

헤이그법은 전투원들이 적의 군사적 잠재력을 약화시키거나 파괴한다는 전쟁의 목적에 어울리지 않는 상처를 야기하지 말아야 한다는 원칙에서 나온 것이다. 따라서 헤이그법은 군사작전 수행에 있어서 전투원의 권리와 의무를 확립하고 상처를 야기하는 수단의 선택을 제한한다.

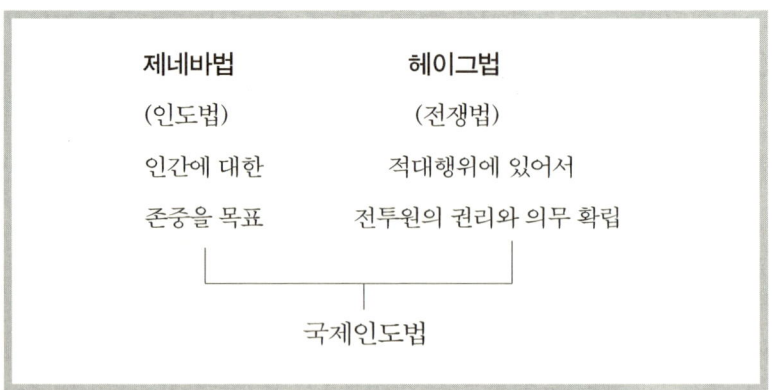

1949년도 제네바4개협약과 1977년도 두 개의 추가의정서는 현재 국제인도법의 근간으로 간주되고 있다. 뿐만 아니라 1977년도 의정서에는 헤이그법의 상당 부분이 들어가 있다.

3. 국제인도법의 기원과 발전

국제인도법의 기원은 정확히 언제인가? 답을 얻기 위해《솔페리노의 회상》이라는 자신의 저서에서 처음으로 이 생각을 내놓은 앙리 뒤낭에게로 돌아가야 할 것이다.

전술의 대가들이… 만나듯… 일단 각국의 동의와 비준을 받으면 부상자 구호단체의 근간으로 사용될 수 있는 국제적 협약의 성격을 지닌 신성한 원칙을 정하면 좋지 않을까?

1863년 그 설립 이래 ICRC가 나서서 "육전(陸戰)에서의 군 의료활동의 부적절함을 고치기 위해" **국제회의**를 소집했다. 그리고 나서 몇몇 나라에 구호단체가 생겨났다. 그러나 1864년 덴마크와 프로이센 간에 벌어진 전쟁은 앙리 뒤낭의 말이 옳다는 것을 보여주었다. 구호협회는 자신들의 활동에 아무런 법적 근거가 없었기 때문에 활동의 어려움에 봉착했다. 그 해 ICRC는 스위스 정부를 설득하여 **외교회의**를 소집했다. 12개국이 참가한 이 회의는 **육전에서의 군대의 부상자 상**

포로수용소를 방문한 ICRC 대표.

태 개선을 위한 협약에 서명하는 실제적인 결과를 낳았다.

따라서 그와 같은 국제인도법은 최초의 제네바협약이 채택되고 동시에 적십자가 채택된 1864년에 비로소 생겨났다. 그때까지는 잘 정비된 몇몇 관습법 규정 같은 예외는 있었어도 전쟁 희생자의 보호를 위해 충돌 당사자간에 체결된 협약이 체계적으로 적용되지 않았다.

1864년 협약은 국제인도법의 괄목할 만한 발전의 초석이 되었다. 처음으로 국가들이 영구적인 협약에 일임하고 분쟁 희생자의 보호를 위한 규정이 일반적인 가치를 갖고 있음을 인정했다. 바꾸어 말해서 이들 국가들이 모든 상황에서 언제나 적용되는 보편적인 조약의 구속을 받는다는 것을 인정했다.

그 시점부터 부상병이나 병든 군인들은 이들이 어느 편이든지 상관없이 차별없이 돌봄을 받게 되었다. 의료요원들과 의료기재, 자재들

제5장 국제인도법 · 241

도 마찬가지의 고려를 받게 되었으며, 흰 바탕에 붉은 십자 표장으로 구분하게 되었다.

이 분야에서 최초의 협약의 선봉자로서 ICRC는 무력분쟁시 보호와 지원활동을 조직하는 것뿐 아니라 그 법이 계속 개선되고 있고 전쟁의 현실에 맞추어 적용되고 있는가를 살펴보는 일도 게을리할 수 없다고 느꼈다.

따라서 10개조로 되어 있는 최초의 제네바협약은 아주 초기 단계로서 다음과 같이 긴 역사적인 과정을 거쳐 개선되어왔다.

1899년 헤이그협약 채택
- 육전(陸戰)의 관습과 법을 존중하는 규정
- 1864년 제네바협약의 원칙을 해전(海戰)에 적응하기 위한 협약

1906년 (새로운) 육전에 있어서 군대의 부상자와 환자의 상태개선을 위한 제네바협약

1907년 1899년 헤이그협약 개정

1925년 화학무기 및 세균무기에 관한 제네바 의정서

1929년 두 개의 제네바협약 :
- 하나는 1864년과 1906년 협약과 같은 분야를 포함하고 다른 하나는 포로의 대우에 관한 것이다.

1949년 전쟁 희생자 보호에 관한 제네바4개협약 :
- 제1 및 제3 협약은 1929년 협약을 개정한 것이고, 제2협약은 1907년 헤이그협약의 개정이며, 제4협약은 새롭게 나온 것으로 전시에 민간인의 보호를 다루고 있다.

1972년 화학무기 및 세균무기의 금지에 관한 협약
1977년 1949년 제네바4개협약의 두 개의 추가의정서 :
· 제1의정서는 국제적 무력충돌 희생자의 보호에 관한 것이고 제2의정서는 비국제적 무력충돌 희생자 보호에 관한 것이다.
1980년 유엔의 후원하에 무차별 효과를 내거나 지나치게 유해하다고 볼 수 있는 재래식 무기의 사용을 제한하거나 금지하는 규정 채택.

4. 1949년 제네바4개협약

ICRC 활동의 근거가 되는 1949년 8월 12일자 제네바4개협약은 무력충돌시 마땅히 지켜야 할 인간 존중을 재확인하고 있다. 이 협약은 적대행위에 직접 가담하지 않은 사람과 질병이나 생포, 부상으로 전투력을 상실한 사람을 차별하지 않고 도와주고 돌보아야 한다고 규정하고 있다.

제네바4개협약의 이름은 다음과 같다:

1. 육전(陸戰)에 있어서 군대의 부상자 및 병자의 상태개선에 관한 1949 년 8월 12일자 제네바협약
2. 해상(海上)에 있어서 군대의 부상자, 병자 및 조난자의 상태개선에 관한 1949년 8월 12일자 제네바협약
3. 포로의 대우에 관한 1949년 8월 12일자 제네바협약
4. 전시에 있어서 민간인 보호에 관한 1949년 8월 12일자 제네바협약

좀더 구체적으로 말하자면,

―제1협약은 64개조로 되어 있으며 군대의 부상자와 환자, 의료요원, 군종을 보호한다.
―제2협약은 63개조로 되어 있으며 해상에서 부상자와 환자, 의료요원, 군종, 조난자를 보호한다.
―제3협약은 143개조로 되어 있으며 포로를 보호한다.
―제4협약은 159개조로 되어 있으며 적의 영토나 점령지에 있는 민간인들을 보호한다.

제네바협약에는 부속서들이 있어서 내용을 보완하고 있다.

정부는 제네바협약에 조인함으로써 다음과 같은 것을 서약한다.

―적군과 아군을 차별하지 않고 **치료한다**.
―인간의 명예와 가족권, 관습, 신앙, 특히 여자와 노인, 어린이 등 약자를 **존중한다**.
―ICRC 대표가 억류되어 있는 포로와 적측의 민간인들을 방문하고 입회자 없이 면담하는 것을 **허용해야 한다**.
―구호물자와 의료원조의 탁송을 **허용해야 한다**.
―비인간적이거나 인간의 존엄성을 낮추는 취급, 인질로 잡는 것, 집단학살, 고문, 즉결처형과 추방을 **금한다**.

2002년 1월 1일 현재 제네바협약 가입국은 188개국이다.

5. 두 개의 1977년도 추가의정서

국제인도법의 주창자로서 ICRC는 변화하고 있는 분쟁 양상에 맞출 수 있도록 법을 발전시키는 데 힘써오고 있다. ICRC는 기존의 장치를 개정할 필요가 있거나 개정할 수 있다고 판단될 때마다 기회를 놓치지 않고 그렇게 했다.

1965년 ICRC는 그러한 시도가 무르익을 시기가 왔다고 보았다. 사실 1949년도 협약이 그 적절성을 전혀 잃지 않았더라도 동 협약이 현대전의 희생자를 보호하는 데는 충분치 않다는 것이 판명되었다. 따라서 ICRC는 기존법이 안고 있는 현실과의 간격을 메꿀 수 있는 방안으로 1949년도 제네바협약을 개정하지 않고 추가의정서 형태로 보완하는 방안을 검토하기 시작했다.

ICRC는 이러한 의견을 1969년 이스탄불에서 개최된 제21차 국제적십자회의에 제출했다. 제네바협약 체약 당사국 정부 대표들도 포함된 회의 참가자들은 이 과제를 ICRC에게 정식으로 의뢰했으며, ICRC의 법률 담당자들은 필요한 준비작업을 시작할 수 있게 되었다. 1971년부터 1977년 사이에 ICRC는 정부와 적십자 관계자들과 일련의 협의를 가졌으며, 진전되는 상황을 계속 유엔에 알렸다. 테헤란에서 개최된 제22차 국제적십자회의는 법률 초안을 검토하고 그간의 작업에 대해 전폭적인 지지를 표했다.

1) 외교회의(1974~1977)

1949년 제네바협약의 수탁자인 스위스 정부는 ICRC가 마련한 두 개의 추가의정서 초안을 토의하기 위해 1974년 2월 외교회의를 소집했다. "무력충돌시 적용할 수 있는 국제인도법의 재확인과 발전에 관한 외교회의"의 1차 회의에 1949년 제네바협약 체약 당사국이나 유엔 회원국 등 155개 초청국 중 124개국이 참가했다.

1977년 6월 10일 제네바회의에 참가한 약 100개국 전권대사들이 외교회의 의사록에 서명했다. 그렇게 함으로써 그들은 전세계의 국가들이 무력충돌 희생자들에 대한 보호를 개선하려는 바람을 표현하였다. 외교회의의 마지막 회의에서 국제적 무력충돌 희생자 보호에 관한 제I추가의정서의 102개 조문과 비국제적 무력충돌 희생자 보호에 관한 제II추가의정서의 28개 조문이 회의에 참가한 102개국 전권대사에 의해 채택되었다.

물론 이들 국가들이 제네바협약 추가의정서의 구속을 받는 데는 서명을 해야 하며 비준 또는 가입하는 절차를 거쳐야 한다. 그런 의미에서 1977년의 엄숙한 채택은 단지 의식의 성격을 지녔다고 하겠다. 그러나 그날 이후로 의정서는 공통의 소유가 되었으며 몇몇 상황에서는 곧바로 이용될 수 있었다. 의정서를 전문가들뿐 아니라 일반 대중을 대상으로 널리 알리는 것 또한 매우 중요하다.

2) 추가의정서

(1) 제Ⅰ의정서

제Ⅰ의정서는 국제적 무력충돌을 다룬다. 이 의정서의 가장 큰 성취는 의심할 필요도 없이 무차별 전투의 위험과 전체적인 전쟁의 영향으로부터 민간인의 보호 개선이다. 민간인들은 공격 대상이 되어서는 안 된다. 따라서 도시에 대한 '융단폭격'은 특별히 금지된다. 마찬가지로 생존에 필요한 사물, 즉 농경지·가축·식수 등은 공격 대상이 되어서는 안 되며 보호되어야 한다. 주민들을 굶기는 것은 금지된다.

(2) 제Ⅱ의정서

제Ⅱ의정서는 또 다른 상황, 즉 국내적 분쟁, 정부에 대항하는 내란, 반란군 등 매우 예민한 사안을 다룬다. 정부의 최우선적인 관심사는 분쟁으로 혼란스러워진 질서를 회복하는 일이다. 제Ⅱ의정서는 제네바협약과 제Ⅰ의정서보다 덜 자세하기는 해도 개인의 신체적·정신적 존중, 자유를 박탈당한 사람에 대한 인간적인 대우 등 제네바4개 협약 공통 3조에 언급된 규정을 보다 구체적으로 함으로써 기본적인 가치를 보호하는 일련의 규정을 포함하고 있다. 예를 들어 의료요원의 보호와 적십자/적신월 표장의 존중을 규정하고 있다. 적대행위에 관한 간단한 규정, 특히 민간인 보호를 위한 규정이 처음으로 제Ⅱ의정서에 명백하게 밝혀져 있다.

6. 4개협약에 공통적인 조항

—일단 무력충돌이 일어나면 모든 상황에서 협약이 적용된다. 내란의 경우에도 최소한의 인도(人道)의 원칙을 준수해야 한다.
—다음의 것은 언제, 어디서나 금지된다 : 인질로 잡는 것, 재판을 거치지 않은 처형, 고문, 잔인하고 비열한 취급.
—협약으로 보호되는 사람에 대한 보복도 금지된다.
—협약으로 규정하고 있는 보호를 포기하거나 강제로 포기하게 해서는 안 된다.
—협약으로 보호되는 사람은 언제나 이익보호국이나 ICRC, 또는 그밖의 자격 있는 인도주의 단체에 의지할 수 있어야 한다.

제1, 제2 협약

군대의 **부상자**와 **환자**는 어떤 상황에서든지 존중되고 보호되어야 한다. 이들의 생명에 대한 어떤 시도나 이들에 대한 어떠한 폭력도 없

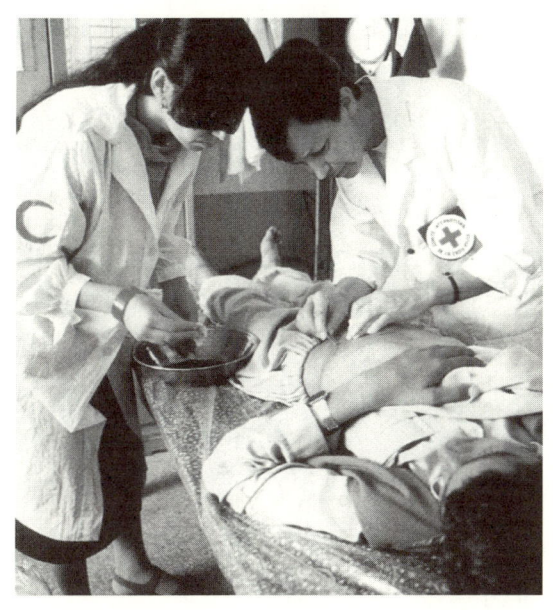

어야 한다. 이들을 도와야 하고 수용해야 한다. 같은 규정이 **조난자**에게도 적용된다. 교전국(자)은 포로로 잡은 적군 부상자와 환자, 조난자를 자국 군인과 마찬가지로 대우해야 한다.

　사망자는 수용되어야 하며 약탈로부터 시신을 보호해야 한다. 시신은 매장하기 전에 신원을 확인해야 하며 가능하면 검시를 통해 사망을 확인해야 한다. 군 의무부대나 적십자사, 또는 그밖에 적십자 표장 사용을 허가받은 다른 구호단체의 의료요원, 장비, 차량, 의료용품 등 부상자나 환자를 돌보는 데 필요한 것들은 존중되고 보호되어야 한다.

의료요원과 **종교요원**에는 다음의 사람들이 포함된다.

―부상자와 환자의 치료와 수송 및 질병예방을 책임진 사람들(의사, 간호사, 군 병원 잡역부, 들것 드는 사람)
―의료시설 및 의료반의 행정요원
―군종

이들은 적십자 완장을 두르고 신분증을 지닌다. 이들이 완장을 두른 것은 자신의 보호뿐 아니라 부상자들의 보호를 위해서이다.

의료요원과 종교요원이 적의 수중에 들어간 경우 부상자와 환자에 대한 자신들의 임무 수행을 계속하도록 허용되어야 한다. 만약 이들이 포로들을 돌보는 데 반드시 필요하지 않다면 이들은 송환되어야 한다. 송환되지 않고 머물러 있는 자는 포로로 간주하지 말아야 하며 그 활동을 위해 구속받지 않는 시설이 주어져야 한다.

민간인들이 어떤 부상자나 환자든지 이들을 수용하여 돌보는 것을 막지 말아야 하며, 이러한 행위로 처벌하지 말아야 하며 오히려 이들이 하는 일을 지원해줘야 한다.

의무부대와 **시설**은 모든 건물이나 영구시설(병원과 창고 등), 또는 부상자나 환자를 수용하고 돌보는 용도의 이동부대(구급차, 야전병원, 텐트, 노천시설 등)를 포함한다. 이들은 비록 어느 한 순간이라도 부상자나 환자를 수용하고 있지 않더라도 공격하거나 파괴해서는 안 되며 활동을 방해하지 말아야 한다.

같은 원칙은 구급차와 짐마차, 트럭, 병원선, 구명정, 의료항공기 등 **의료수송수단**에도 적용된다. **의료장비**(들것, 의료 및 수술기재, 의료물자, 의약품 등)는 절대로 파괴해서는 안 되며, 어디에 있든지 의료요원의 처분에 맡겨야 한다.

흰 바탕에 적십자 또는 적신월 표장은 부상자와 환자에 대한 지원의 상징으로 보호받을 자격이 주어진 건물이나 요원, 물자를 지정하는 데 사용된다. 그밖의 어떤 경우에도 사용되어서는 안 되며 언제나 존중되어야 한다.

제3협약

지위

군대의 구성원 및 그러한 군대의 일부로 구성되어 있는 요원들로서 적의 수중에 들어간 자는 포로가 된다. 이들은 적국의 권력하에 있는 것이지 이들을 생포한 개인이나 부대의 수중에 들어간 것은 아니다.

포로들에게는 어느 경우에나 인간적인 대우를 받을 권리와 자신의 인격과 명예를 존중받을 권리가 있다. 포로들은 동등하게 대우되어야 하며 특별 대우는 건강이나 성별, 계급, 또는 전문적인 자격에 따라 주어질 수 있다.

포로들은 심문받을 때 자신의 이름과 나이, 계급, 군번만 대답한다. 그밖의 정보를 털어놓도록 강요해서는 안 된다.

포로는 자신의 사유물을 보유할 권리가 있다. 적군은 포로의 의류와 식료품을 제외하고는 군사장비를 압수할 수 있다. 돈이나 귀중품은 압수할 수 없으나 영수증을 써주고 압류할 수는 있다. 이 경우 석방될 때 돈을 돌려줘야 한다.

포로들은 일반적으로 억류국의 군사법규나 규율에 복종한다. 안전상의 이유로 이들의 자유를 제한할 수 있으나 이들이 법규를 위반하지 않은 이상 수감할 수 없다. 언도가 내려지기 전 자신의 입장을 밝힐 기회가 주어져야 한다.

억류의 조건

포로를 억류하는 국가는 포로에게 무상으로 적절한 음식과 의복을 제공해야 하며, 자국 군대의 숙소와 동일한 수준의 숙소를 제공하고, 포로의 건강상태상 필요한 의료를 제공해야 한다.

장교 포로를 제외한 포로들에게 노동을 시킬 수 있으며, 그 노동에 대해 적절한 임금을 제공해야 한다. 작업조건은 억류국 군대와 같은 조건이어야 한다. 포로들에게 군사활동을 강요할 수 없으며 위험하거나 건강을 해치거나 품위를 낮추는 작업을 강요할 수 없다.

생포됐을 때 포로는 이 사실을 최근친인(最近親人)과 ICRC의 중앙심인국에 알릴 권리가 있다. 그 후에 친지들과 규칙적으로 서신교환을 하거나 구호품을 받을 수 있으며, 자신의 신앙에 따라 군종의 보살핌을 받을 수 있다.

포로들은 자신들을 돕는 복지단체나 억류당국을 상대할 대표 또는 대변인을 선출할 권리가 있다. ICRC 같은 이익보호국 대표가 수용소를 방문했을 때 포로들은 자신들의 불만과 요청사항을 이들과 직접 또는 이들의 대표와 이야기할 권리를 갖는다.

제네바협약 본문을 각 수용소에 게시하여 포로들이 항상 자신들의 권리와 의무가 무엇인지 알 수 있도록 해야 한다.

송환(送還)

　심하게 부상당했거나 중환으로 인정된 포로는 송환된다. 그러나 후에 적극적으로 군사의무에 가담하지 말아야 한다. 적대행위가 종료되면 포로들은 지체없이 석방되고 송환되어야 한다.

제4협약

　민간인 부상자와 환자, 민간 병원과 그 요원, 민간 구급차는 특별한 존중의 대상이 되며 적십자 표장의 보호하에 둘 수 있다. 제4협약은 특별히 적의 수중에 놓인 민간인들을 다루고 있으며 다음과 같이 두 가지로 분류한다.

적의 영토 내에 있는 민간인

　안전상의 문제만 없다면 적의 영토 내에 있는 민간인들이 떠나는 것을 허용해야 한다. 만약 그들이 떠나지 않고 있거나 머물도록 할 경우 이들은 일반적으로 외국인과 마찬가지로 대우되어야 한다. 안전상의 이유로 억류가 불가피하다면 이들은 호소할 권리와 자신들의 경우를 공평하게 검토받을 권리가 있다.

점령지의 주민

　점령지의 주민들은 가능한 한 정상적으로 생활을 계속하는 것이 허용되어야 한다. 점령국은 공공질서 유지에 대한 책임이 있다. 강제추방이나 이주는 일반적으로 금지된다. 강제징집은 엄격한 규제를 받는다. 18세 이하는 완전히 대상에서 제외되며, 징모된 노무자들이라 할지라도 군사작전에 참여하는 노동에는 동원될 수 없다. 재산의 약탈과 불필요한 파괴는 금지된다.

점령국은 아동의 복지와 의료 및 보건 활동의 유지, 주민들의 급식에 대한 책임이 있으며, 구호품 탁송을 허용하고 그 물자의 수송을 원활히 해줘야 한다. 일반적으로 당국과 행정, 공공 및 민간 기구들이 그 기능을 계속해야 한다.

점령국은 자체의 행정과 군대에 대한 적대행위로부터 자신을 방어할 권리가 있다. 이와 관련하여 새 법령을 공포해도 좋다. 점령국이 구성한 법정에 해당자를 고발할 수도 있다. 그러나 그 경우 정식 재판을 거치지 않은 판결을 내려서는 안 된다. 점령국은 보안상 불가피한 이유로 어떤 사람을 억류할 수 있다. 그러나 그 모든 수단은 분명한 규정에 의해야 하며 이익보호국의 감독을 받아야 한다.

적의 영토 내에 있는 민간인들이나 점령지의 주민들은 몇 가지 권리를 공통적으로 갖고 있다. 이들은 어떤 상황에서도 자신의 인격과 명예, 가족의 권리, 신앙을 갖는 것과 예배행위, 관습을 존중할 권리를 갖고 있다. 이들은 자신의 의사에 반(反)하여 어떤 일을 하도록 강요받지 말아야 한다. 이들은 항상 인간적으로 대우되어야 한다. 여자들은 특히 자신들의 명예와 특히 어떤 형태로든지 외설적 모욕과 강간으로부터 보호되어야 한다.

이들 민간인들은 이익보호국과 ICRC, 현재 머물고 있는 나라의 적십자사에 호소할 권리가 있다. 이익보호국과 ICRC 대표들은 자유롭게 이들을 방문할 수 있어야 한다.

적측 정부는 소속 관리나 군사요원들이 이들을 취급한 내용에 대해 책임을 진다.

끝으로 이들이 억류되어야 할 경우 억류 자체가 처벌형태가 되어서는 안 되며, 민간인들에 대한 대우는 일반적인 것이어야 한다. 이들이 민간인들이라는 점을 감안하여 포로의 대우와 유사해야 한다.

7. 국제인도법의 적용

체약당사국

국제인도법의 법률문서는 우선적으로 체약 당사국에 의해 시행되어야 한다. 체약국들은 "어떤 상황에서든지 이를 존중하고 존중을 보장할 것"을 엄숙히 약속한 바 있다. 따라서 그러기 위해 적절한 지시를 하고, 필요한 경우 지휘관들을 통해 이행을 감독하며, 군대에 법률고문들을 두도록 힘쓰는 것은 체약국에 달려 있다. 또한 상대측이 위반하지 않도록 적절한 조치를 취함으로써 협약이 지켜지는가를 전체적으로 살피는 것도 체약국의 책임이다. 뿐만 아니라 체약 당사국은 국제인도법 원칙을 되도록 널리, 특히 군사요원들을 대상 교육 프로그램에 넣는 것을 포함하여 지식의 보급을 책임진다.

이익보호국

무력충돌 기간중 협약규정의 적용은 무력충돌 당사국 일방의 관심사를 상대측에 대표하도록 위임받은 이익보호국의 도움으로 어느 정도까지는 보장되어야 한다. 필요한 경우 이익보호국은 "공평과 효과의 모든 보장을 제공하는 단체"로 대체하기도 한다.

ICRC

대체기관에 대한 위의 구절은 1949년도 4개협약이 특별히 ICRC를 언급하여 인도주의 활동의 솔선권을 부여한 또 다른 규정이 전제하고 있다. 게다가 제I추가의정서에 분명히 밝혀져 있는 바와 같이 ICRC는 이익보호국의 대체 역할을 해주도록 요청받기도 한다. 1949년 협약으로 ICRC의 권한하에 놓인 많은 힘겨운 인도주의 과제 가운데 포로와 억류된 민간인들이 어디에 있든지 방문할 수 있는 권리와 실종자를 찾는 심인사업소 설치, 가족서신 교환, 이산가족 재회 등이 주목할 만하다. 인도주의적 임무는 적십자사나 그밖에 승인된 자선단체가 수행하기도 한다.

8. 무력충돌시 적용되는 기본 규정

1. 전투력을 상실한 자나 적대행위에 직접적으로 가담하지 않은 자들은 자신들의 생명과 도덕적·신체적 보전에 대한 존중을 받을 권리가 있다. 이들은 어느 상황에서나 어떤 구분 없이 보호되고 인간적으로 대우받아야 한다.
2. 항복했거나 전투력을 상실한 적군을 죽이거나 해치는 것은 금지된다.
3. 무력충돌 당사국은 그 수중에 들어온 부상자나 환자를 수용하고 돌봐야 한다. 보호는 의료요원들과 그 시설, 수송수단과 장비에도 적용된다. 적십자 표장은 그러한 보호의 상징이며 존중되어야 한다.
4. 적의 수중에 들어간 적측의 전투원과 민간인들은 자신들의 생명과 존엄성, 개인의 권리와 신념을 존중받을 권리가 있다. 이들은 모든 형태의 폭력이나 보복행위로부터 보호되어야 한다. 이들은 자기 가족들과 소식을 주고받을 권리와 구호물자를 받을 권리를 누려야 한다.

5. 누구나 기본적인 사법상의 보장의 혜택을 받을 권리가 있다. 자신이 저지르지 않은 행위에 대해 어느 누구에게도 책임을 지울 수 없다. 어느 누구도 신체적 또는 정신적 고문이나 처벌, 잔인하거나 품위를 낮추는 취급을 받지 말아야 한다.
6. 무력충돌 당사국과 그 소속 군대 구성원들이 전투수단이나 방법을 무제한적으로 선택할 수 있는 것은 아니다. 불필요한 인명손실이나 지나친 고통을 야기하는 특성을 지닌 전투수단이나 무기의 사용은 금지된다.
7. 충돌 당사국은 주민들과 민간인 재산을 보호하기 위해 항상 민간주민과 전투원들을 구분해야 한다. 민간인들이나 주민들은 공격의 대상이 되어서는 안 된다. 공격은 오직 군사적 목표물만 그 대상으로 해야 한다.

위에 열거한 규정은 인도법의 핵심을 되도록 간략하게 요약한 것이다.

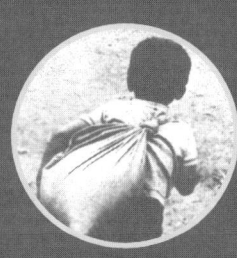

제6장
오늘날의 상황과 당면과제

1. 국제적십자운동의 과거와 현재

적십자운동은 1859년 이탈리아 통일전쟁 당시 솔페리노 전투에서 비롯되었다. 사업차 그곳을 지나던 스위스 청년 실업가 앙리 뒤낭은 전쟁의 참상을 목도하고 마을 부녀자들을 동원하여 이들을 돌보았으며 제네바로 돌아와 이때의 경험을 토대로 《솔페리노의 회상》을 집필, 1862년에 발간하였다.

앙리 뒤낭은 이 책에서 솔페리노 전쟁터의 참상만 자세하게 기록한 것이 아니라 두 가지 중요한 것을 제안했다. 그 첫째는 각국에 전상자 구호위원회를 설치하자는 것이고, 둘째는 부상자나 환자, 이들을 돌보는 군 의료요원들을 중립으로 간주하고 보호하자는 것이었다. 이 두 가지 제안은 구체화되어 이듬해인 1863년 국제적십자가 탄생했으며, 두번째 제안은 1864년 제네바협약으로 그 결실을 보게 되었다.

이탈리아 통일전쟁 이후에도 크고 작은 전쟁은 계속되었으며, 특히 양차 대전을 겪으면서, 그리고 양극체제가 붕괴되고 냉전이 우리의 기억에서 사라지면서 평화를 구가할 수 있으리라는 기대와는 달리 인종·종교 등 내재적 갈등이, 세계 도처에서 국제전보다는 국지전·내란의 성격을 지닌 민족해방전선 등이 증가해 오늘날 이 지구상 국가의 3분의 1에 달하는 50여 개국이 직접·간접적으로 전란에 개입하게 되었다.

전쟁의 양상 또한 크게 바뀌었다. 확실하지 않은 전선, 전투원과 비전투원과의 모호한 구분, 불분명한 이념상의 차이 내지 대립, 전투 수단의 끊임없는 개발에 따른 살상 무기 및 가공할 만큼 정교한 무기의 출현은 과거 그 어느 때보다 민간인 희생자의 비율을 크게 증가시켰으며, 그 영향 또한 복합적이고 장기적인 대책을 요하게 되었다.

무력분쟁의 영향을 좀더 구체적으로 살펴보면 많은 사상자와 고아, 이산가족, 난민의 발생, 재산상의 손실, 산업의 황폐화, 포로, 교육 및 생산의 공백, 불구자 문제, 정신적 충격, 지뢰문제 등 쉽게 그 후유증에서 벗어나기 어려운 상황이 발생한다. 문제를 더 어렵게 하는 요인으로 대개 이러한 분쟁은 잘사는 선진국보다는 개발도상국에 주로 발생하기 때문에 전후 복구는 더욱 힘이 든다.

이러한 무력분쟁으로 인해 인간이 겪는 고통 외에도 가뭄과 그에 따른 기근, 홍수, 지진 등 자연재해와 질병, 소외문제, 환경파괴와 오염문제 등에서 오는 고통도 그에 못지않다. 아무리 영농기술 등의 과학기술이 발달했다고 하나 지난 8년 간 아프리카에서 800만 명이 굶어 죽었으며, 중국 홍수 이재민은 연간 1억 명에 달하기도 한다.

따라서 적십자가 관심을 갖고 대처하는 분야는 날로 넓어지고 있다. 또한 무력분쟁으로 인한 전재민 구호는 복구와 재활로 이어지지 않을 경우 안정을 위협할 수 있다는 점에서 때로는 전시, 평시 활동 구분 자체가 어렵기도 하다. 부상자의 고통, 재해이재민의 구호, 질병의 치료 외에도 이를 예방하는 노력에도 크게 힘쓰지 않을 수 없게 되었다.

따라서 전쟁 희생자의 고통을 덜어주기 위해서 시작된 적십자운동은 시작할 당시보다 전문적이면서도 광범위하게 장기적으로 대처하지 않을 수 없게 되었다.

2. 국제적십자운동이 처해 있는 상황

급변하는 세계 속에서 끊임없이 새롭게 분출되는 인간의 욕구는 '인간의 고통 경감'이라는 대과제를 안고 있는 적십자운동에게 주변 상황에 대한 정확한 인식과 적절한 대처를 요구하고 있다. 오늘날 적십자운동이 처해 있는 상황과 그 여건을 정리해보면 다음과 같다.

1. 냉전 후기의 두드러진 현상으로 양극 체제 붕괴에 따른 교섭·협상 대상자 파악이 어려워 문제해결의 실마리를 풀기 어렵다.
2. 경제적으로 세계화 현상이 두드러지고 있으나 국수주의와 지역별·계층별 이기주의는 오히려 강해지고 있다.
3. 당면하게 될 상황의 성격을 분석하는 데 모든 노력을 경주하고 있음에도 불구하고 미래가 극히 불투명하다.
4. 각종 단체, 기구의 난립은 지원 노력의 조정 필요성을 가져오며, 한정된 재원에 경쟁상대의 증가는 특히 재정상의 어려움을 가중시킨다.

5. 복합적인 상황과 다양한 욕구는 적십자 활동의 전문성을 요구한다.
6. '인도주의 상황'에 있어서 유엔이나 각국 정부의 정치적 영향력 행사가 두드러지고 있다.
7. 도덕적 · 인도주의적 가치 붕괴로 인해 인간 존엄성이 존중받지 못함에 따라 분쟁 당사국(자)이 인도주의 이념 내지 활동을 쉽게 받아들이려 하지 않을 뿐 아니라 국제적십자 요원들의 안전에도 크게 위협이 되고 있다.
8. 엘리뇨 현상 등 자연재해의 빈발은 엄청난 피해를 가져와 막대한 자원과 장기적인 대책을 요하고 있다.
9. 무력분쟁이 복합적이고 장기화되어가고 있는 데다가 전선과 종전 시기 또한 불분명함에 따라 연맹과 ICRC의 역할이 중복되기도 한다.

3. 당면과제

1) 국제구호와 발전계획

(1) 국제구호

재해구호는 전상자 구호 다음으로 오랜 역사를 가졌으며 전세계적으로 가장 널리 알려진 적십자 활동이라 하겠다.

20세기에 들어서서 발생한 주요 재해를 살펴보자.

지진의 경우 1908년 이탈리아 메시나(Messina)에서 발생한 진도 7.0 지진으로 11만 명, 1923년 일본 동경에서 같은 진도로 14만 명, 1927년과 1976년 중구 청해와 당산에서 각각 20만 명, 65만 명의 사망자가 발생했다. 화산 폭발의 경우 1985년 콜럼비아의 네바다 델 루이스 화산, 1991년 필리핀의 피나투보 화산 폭발을 들 수 있다. 이밖에도 홍수, 산사태, 해일 등 전세계적으로 평균 매주 1회 재해가 발생해 많은 이재민과 재산상의 피해를 가져오고 있다.

자연재해의 주요원인으로 오늘날 많은 관심을 불러일으키는 것으

지구 온난화 현상

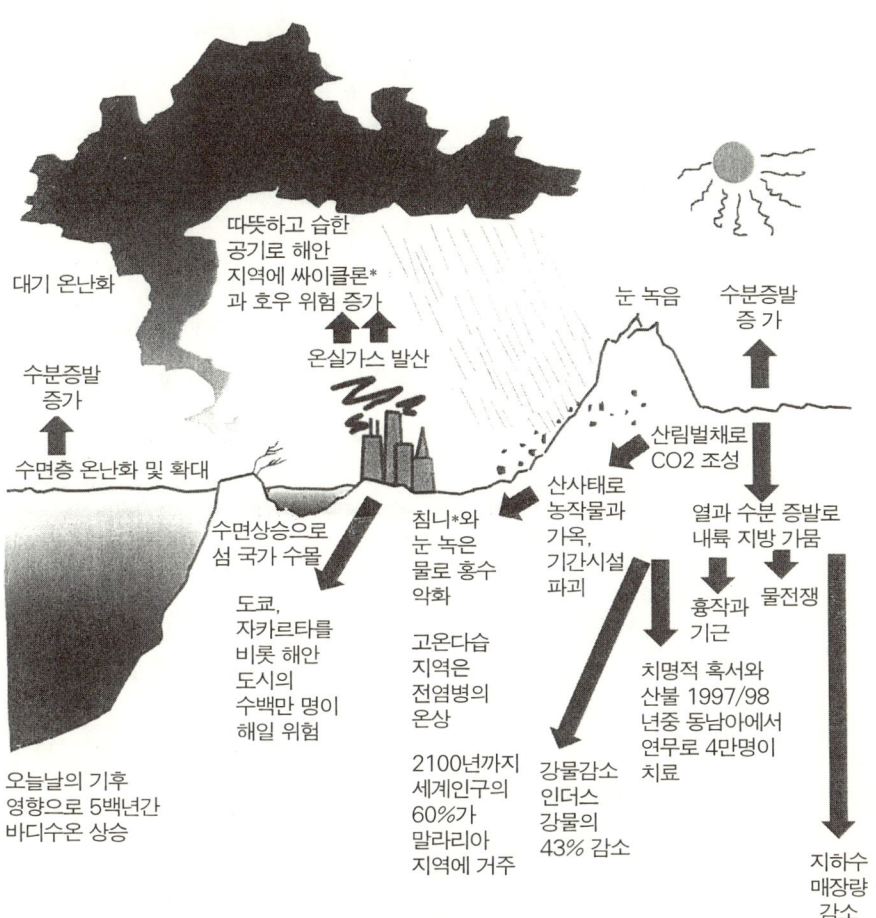

* 침니(沈尼) : 모래보다 곱고 진흙보다 거친 침적토(沈積土)
* 싸이클론 : 폭풍우, 인도양 방면에서는 싸이클론(Cyclone), 멕시코만 방면에서는 허리케인(Hurricane), 서태평양 방면에서는 태풍(Typhoon)이라 한다.

로 '엘리뇨' 현상과 '라니냐' 현상을 들 수 있다. 1997년 4월부터 적도 부근 동태평양 해역에 발생한 엘리뇨는 전세계에 폭우와 이상가뭄을 몰고와 엄청난 기상재해를 일으켰다. 기상 전문가들은 엘리뇨가 스치고 지나간 피해지역에 정반대 현상인 라니냐가 찾아와 기상이변이 속출할 것이라는 분석을 내놓고 있다. 5월을 전후하여 엘리뇨가 물러가고 대신 7~8월께 적도 부근 동태평양 지역에 비정상적인 냉기를 몰고 오는 라니냐 현상이 이어질 가능성이 크다는 것이다.

보통 라니냐는 엘리뇨가 시작되기 전 또는 끝난 뒤에 찾아온다. 엘리뇨를 따라다니는 강한 무역풍에 의해 바다 수면 밑의 따뜻한 물의 두께가 보통 때보다 서쪽은 두껍고 동쪽은 얇아져 동태평양의 수온은 낮아지고 서태평양의 수온은 높아지는 상태가 된다. 이 경우 극심한 가뭄 피해를 입던 인도네시아에는 폭우가 쏟아지고 물난리를 겪던 칠레에는 가뭄이, 폭설이 내리던 미국은 온난한 날씨를 보이는 등 엘리뇨와 정반대의 기상재해가 찾아오게 된다.

지난 25년 간 연맹의 통계에 따른 지역별, 재해별 피해자 수는 다음과 같다.

지난 25년 간 재해별 자연재해 피해자 수(1973~1997)

재해별 피해별	지진	가뭄/기근	홍수	강풍	산사태	화산폭발	계
사망자	92,080	198,291	34,219	54,565	3,950	5,257	388,362
부상자	137,923	0	114,831	67,470	1,335	1,425	322,984
이재민	7,951,568	306,667,431	330,887,655	58,490,826	689,992	471,994	705,159,466
노숙자	1,196,326	109,600	16,810,220	5,521,730	537,384	75,638	24,250,898
계	9,377,897	306,975,322	347,846,925	64,134,591	1,232,661	554,314	730,121,710

지난 25년 간 지역별 자연재해 피해자 수(1973~1997)

지역별 피해별	아프리카	미주	아시아	유럽	대양주	계
사망자	2,221,307	30,857	184,569	10,374	618	447,725
부상자	11,137	49,159	287,228	17,768	3,215	368,507
이재민	60,196,241	18,963,836	633,758,851	2,815,886	5,219,959	720,954,773
노숙자	1,437,705	1,551,994	21,089,114	212,083	72,998	24,363,894
계	61,866,390	20,595,846	655,319,762	3,056,111	5,296,790	746,134,899

(2) 발전계획

 자력으로 대처하지 못할 만큼 큰 규모의 재해를 만난 적십자사는 국제적십자사연맹을 통해 지원을 호소하게 되고, 연맹은 그 피해 규모에 따라 전세계 적십자사에 지원을 호소하거나 일부 적십자사에게만 호소하기도 한다. 무력충돌의 경우 ICRC가 나서서 구호, 의료, 심인활동 등을 해당 적십자사와 원조국 적십자사의 지원을 받아 하게 된다.

 무력충돌의 경우이거나 자연재해의 경우이거나 긴급한 상태가 지나가고 나면 복구에 들어간다. 최근에는 재해의 규모가 클 뿐 아니라 그 복합적인 성격과 후유증 때문에 복구기간이 점점 길어지는 경향이 있다. 피해지역과 이재민에 대한 복구계획 외에도 해당국 적십자사의 업무 능력 향상도 병행해서 발전시켜 되도록 빠른 시일 내에 해당국 적십자사가 외부 팀이 떠난 뒤에 그 일을 맡게 할 뿐 아니라 특히 재해빈발 지역의 경우 재해 대비계획까지 병행해서 발전시켜나가고 있다.

 이렇듯 재해구호 활동에 이어서 발전계획을 추진하는 경우 외에, 평상시라도 업무수행 능력이 약하고 자립도가 떨어지는 적십자사가 장기 발전계획을 수립하여 추진하기도 한다. 이 경우 대개 연맹 전문가들과 함께 현황·여건·목표 등을 분석·평가하여 발전 3개년계획 또는 5개년계획 등을 수립하고, 주요 지원국 적십자사 및 관심 있는 적십자사들의 참여를 촉구한다. 지원국 적십자사 회의를 소집, 계획을 설명하여 각기 관심 있는 분야를 협의·조정하기도 하고 자료 검토로 참여를 결정하기도 한다.

대한적십자사도 1995년부터 미얀마 적십자사 발전 5개년계획과 몽골 적십자사 발전 3개년계획에도 참여하고 있으며 에티오피아 적십자사 발전계획에도 참여했다. 이밖에 방글라데시나 캄보디아 혈액사업도 지원하고 있다. 이러한 발전계획은 재해구호처럼 단시일 내에 눈에 띄는 성과를 보기는 어렵지만 장기적인 안목에서 자립·자율을 지원한다는 관점으로 비추어보아 매우 중요한 의미를 갖고 있다.

재해대응 프로그램에 있어서 국제적십자운동 및 민간단체들의 행동강령 (Code of Conduct)

국제적십자를 비롯한 민간 구호기관이 재해구호 활동에 적용하는 원칙으로서 보다 효율성을 높이는 데 그 목적이 있는 이 행동강령의 가입은 어디까지나 자율적이다. 무력분쟁시에는 국제인도법과 일치되게 적용되는 이 지침은 다음과 같은 열 가지 원칙 외에 재해국 정부와 원조국 정부 및 정부간 단체에 대한 건의사항이 첨부되어 있다.

(1) 인도주의적 규범이 우선한다.
(2) 구호에 있어서 종족·종교·국적 등 어떠한 차별도 하지 않으며 오직 욕구에 근거하여 우선순위를 정한다.

(3) 구호는 어떤 특정한 정치적 또는 종교적 관점을 조장하는 데 이용할 수 없다.
(4) 정부의 외교정책의 도구로 움직여서는 안 된다.
(5) 문화와 관습을 존중한다.
(6) 지역능력에 맞추어 계획을 수립한다.
(7) 구호활동에 있어서 수혜자들도 참여할 수 있는 프로그램을 도모한다.
(8) 구호는 기본적 욕구를 충족시키는 것뿐 아니라 어떻게든 피해를 줄여나가도록 한다.
(9) 우리는 지원자들뿐 아니라 수혜자에 대해서도 책임이 있다.
(10) 보도·홍보에 있어서 수혜자를 연민의 대상으로서가 아니라 존엄성을 지닌 인간으로 인정한다.

2) 물

자연재해이건 인간이 만든 재해이건 간에 재해는 필연적으로 환경을 파괴한다. 지진이나 화산폭발, 산사태, 홍수는 가옥이나 도로뿐만 아니라 경작지 등 생활의 터전을 한 순간에 불모지로 만들며, 그에 따른 영향은 오래 계속된다. 원상태로 복구하는 것은 불가능하거나 가능하더라도 오랜 시간, 많은 재원과 노력을 요한다. 전쟁도 마찬가지다. 역사적으로 예외 없이 전쟁은 흔적을 남긴다. 이 경우도 자연재해와 마찬가지로 그 흔적을 없애는 데는 오랜 세월을 요한다. 특히 세월이 가도 효력이 가시지 않고 남아 있는 지뢰나 포탄은 복구에 큰 걸림돌이 되고 있다.

예멘의 난민수용소에서 물
배급을 기다리는 아이들.

이렇게 재해로 인해 환경이 파괴되면서 인간이 겪는 피해는 한두 가지가 아니다. 밀려온 화산재나 흙더미가 덮쳐 삶의 터전을 하루아침에 잃어버리는 경우 외에도 도로나 다리의 유실과 붕괴, 그리고 식수원이나 수도관의 파괴와 오염에 따른 물 부족 현상과 여기서 파생된 위생 등에 미치는 영향은 이재민의 생명을 위협하기도 한다.

무엇보다도 수원과 수도관의 파괴는 깨끗한 물, 넉넉한 물을 구하는 것을 어렵게 만들어 수인성(水因性) 전염병을 퍼뜨린다. 깨끗한 환경을 위협하는 배설물과 하수, 쓰레기의 정상적인 처리가 어려워짐에 따라 각종 전염병이나 피부병, 안질을 일으키고 기생충에 쉽게 감염되게 한다. 정상적인 영양 섭취가 어려워짐에 따라 이재민들은 저항력이 약해지며, 어린이나 노약자의 경우 그 피해는 더 심각하다. 또한 취사나 난방이 어려워짐에 따라 삼림을 남벌하면서 또 다른 재해를 불러오게 된다.

따라서 자연재해이건 무력분쟁이건 간에 재해가 발생할 경우 적절한 물의 공급은 급식문제 못지않게 중요한 과제로서 적십자는 파괴된 상수도를 복구하는 일과 물탱크를 이용한 식수 공급, 정수 등의 일을 한다. 이를 위해 독일 적십자사 등은 연맹이나 ICRC 요청시 확보하고 있는 전문기술자를 즉각 현장에 파견해 파괴된 수도관을 복구하는 일 외에 약품을 사용한 정수, 물탱크 설치 등을 통해 우선적으로 재해 이주민들에게 식수를 공급하고 있다.

3) 요원의 안전

오늘날 분쟁의 성격이 점점 복합성을 띠고 분쟁 당사자들이 뚜렷한 이념적인 대결 없이 인간의 존엄성이 점점 등한시되고 있는 상황에서 그 어느 때보다 인도주의 단체 대표들의 안전과 물자의 수송 및 활동 보호가 어려워지고 있으며, 이 문제는 국제적십자운동의 최우선적인 관심사이기도 하다.

1997년 스페인에서 개최된 대표자 회의에서는 24명에게 앙리 뒤낭 메달이 수여됐는데, 이 가운데 적십자 활동 수행중 목숨을 잃은 다음 21명에게 메달이 추서됐다.

 ─1996년 6월 : 고마 부근 난민수용소 부근에서 사망한 콩고 적십자

사 봉사원 8명

—1996년 12월 : 체체니아에서 피살된 ICRC 대표 6명

—1996년 6월 : 부룬디에서 피살된 ICRC 대표 3명

—1996년 6월 : 난민수용소에서 있었던 총기사고로 숨진 우간다 적십자 요원 2명

—1997년 1월 : 매복습격으로 숨진 앙골라 적십자사 요원 1명

—1997년 1월 : 캄보디아에서 무장강도에게 피살된 ICRC 종사원 1명

체체니아에서 피살된 ICRC 대표 6명은 캐나다, 노르웨이 등 적십자사가 파견한 의료요원들로 ICRC 병원에서 소속불명의 무장괴한들에게 살해되었으며, 부룬디에서 피살된 3명의 ICRC 대표들과 앙골라 적십자사 요원은 차를 타고 가다가 매복해 있던 무장괴한들에게 살해되었다. 콩고 적십자 요원 중 3명은 고마 부근의 키붐바 난민수용소로 차를 타고 가던 중 지뢰사고로 숨졌으며, 3명은 무장괴한의 습격으로, 나머지 한 명은 보건소에서 의료활동중 살해되었고 또 다른 한 명은 약탈자에게 살해되었다. 캄보디아에서 ICRC 요원으로 일하다가 살해된 사람은 적십자 서신을 전달하러 가던 중이었다.

4) 전쟁과 아동

전쟁이 일어나면 가장 큰 피해를 입는 것은 민간인들이다. 제1차 세계대전 때 민간인 사상자는 전체 사상자의 5%에 불과했으나 제2차 세계대전에서는 65%로 늘어났다. 한국전쟁중 국군 전사자는 14만 1,000명인 반면 민간인 사망자는 24만 4,000명으로 기록되고 있다. 특히 최

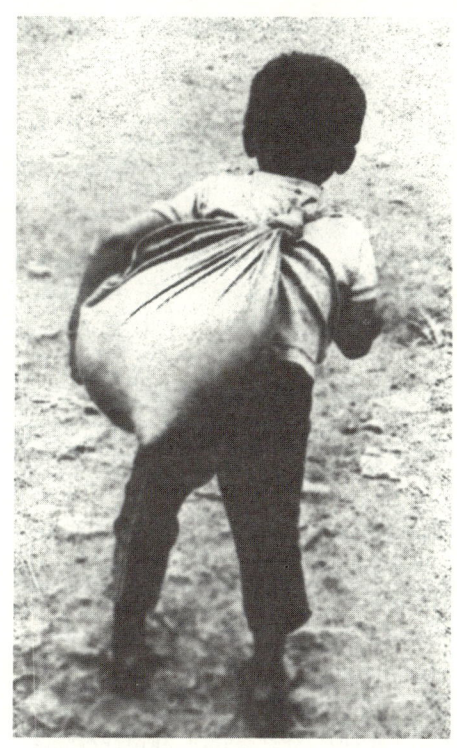
전쟁의 상처.

근 10년 동안 민간인 사상자는 90%로 증가했으며 그 중 40%가 어린 아이들이다. 지난 10년 동안 200만 명의 어린이들이 전쟁으로 사망했고 600만 명이 부상했다.

전쟁에서 목숨을 잃는 것은 무기에 의해서만이 아니다. 기아와 질병, 식수부족은 총이나 대포만큼 무섭다. 전쟁이 일어나면 식량공급, 방역체계는 붕괴되며 아이들은 질병과 위험에 그대로 노출된다. 코소보에서는 5세 미만 어린이의 절반이 각종 예방접종을 제대로 받지 못하고 있으며, 아프가니스탄에서는 5세 미만 어린이 360만 명의 예방접종을 하려면 내전 당사자들의 일시적 휴전이 선행되어야 한다.

전쟁이 끝난다고 해도 후유증은 오래 남으며, 이 후유증은 어른보다 어린이들에게 훨씬 심각하다. 전쟁중 부모가 사망하거나 피난중 가족과 헤어지는 등 홀로 남는 어린이가 전세계적으로 1,500만 명에 달한다. 또 전쟁중 겪은 극단적 경험은 정신적으로 깊은 상처를 남김으로써 정신장애를 일으키고, 증오심에서 비롯된 포악성은 또 하나의 불안요소로 남게 된다. 크고 작은 국제전(國際戰), 국지전(局地戰)은 어린이들이 정상적인 생활을 할 수 있는 기회를 박탈해버리고 만다.

뿐만 아니라 그 누구보다도 보호를 받아야 할 아이들이 세계 도처의 분쟁지역에서 직접 전투에 참가하고 있다. 국제형사재판소(ICC : International Criminal Court)의 최근 보고서에 의하면 각종 지역분쟁에 참여하고 있는 18세 미만의 소년병은 30만 명에 이르며, 지난 1987년 이후 전사한 소년병은 200만 명에 달한다. 가족과 떨어져 혼자 남은 경우, 전투에 가담함으로써 숙식문제를 해결하기도 하고, 전쟁으로 교사들이 징집되고 학교 건물이 징발되어 자연스럽게 가담하기도 한다. 강제로 납치되는 경우도 드물지 않다.

무기의 경량화(輕量化), 자동화(自動化)도 아이들을 전쟁터로 몰아넣는 한 요인이 된다. 어린이들은 조작이 간단한 장난감 아닌 진짜 무기를 들고 병정놀이하듯 전쟁에 뛰어들고 있다. 이들은 생명의 고귀함도, 죽음의 두려움도 전혀 실감하지 못한다. 이들은 전투원으로 동원되는 외에 총알받이로 동원되거나 지뢰밭에 내몰리기도 한다. 심지어 여자아이들은 전장의 성적 노예로 이용되기도 한다. 20년에 걸쳐 내전중인 캄보디아의 경우 작년 한 해 동안 1,400명이 사망했으며, 이 중 240명이 17세 미만이다. 적십자 관계자는 반군이 최근 전력(戰力)

남미의 소년병.

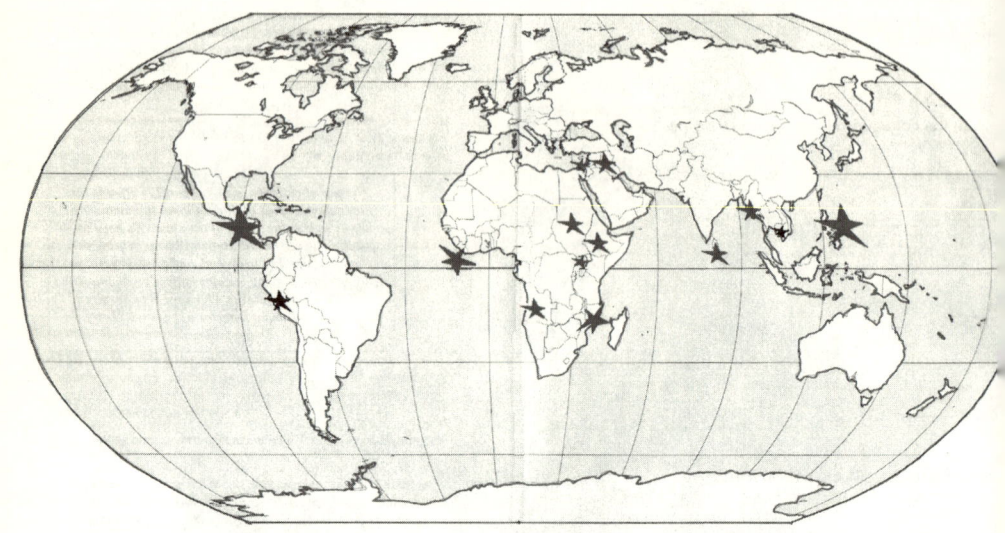

★ 아동전투원이 있는 지역.

이 급격히 약화되자 10세 미만의 어린이까지 무차별로 징집하고 있다고 밝히고 있다.

제네바협약은 민간인 보호에 관한 규정으로 아동의 보호에 관한 별도의 규정을 두고 있으며, 15세 미만의 아동이 직접 전투에 참여하는 것을 금하고 있다(제1 추가의정서 제77조). 아동의 권리에 관한 협약(UN Convention on the Rights of the Child)도 제38조에서 아동의 징집과 전투참가를 금하고 있다.

그러나 국제사회의 대응책에는 한계가 있다. 유엔이나 국제적십자, 인권단체들이 관련 국제협약과 여러 국제회의 결의사항을 통해 이 문제를 제기함으로써 세계인의 관심을 촉구해왔으며, 국제형사재판소도 15세 미만의 아이들을 전투에 참가시키는 것을 전범행위(戰犯行爲)로 규정하고 있으나 사정은 별로 달라지지 않고 있다. 아이들을 주로 이용하는 반군(反軍)들은 제네바협약 등 국제협약 체약 당사자는 정부이기 때문에 자신들은 구속되지 않는다고 주장하고 있다. 설령 전범임을 확인한다 해도 국제법정에 세우기가 그리 쉽지 않음은 구유고 전범의 경우를 보더라도 알 수 있다. 이 문제는 법 이전에 세계의 양심에 관한 문제라고 보는 사람도 있으나 세계의 양심 또한 수시로 변한다는 데 문제가 있다.

5) 대인지뢰

1996년에 이어 금년에도 수해로 군부대에 보관 또는 매설되어 있던 지뢰가 유실되어 특히 경기 북부지역 수재민들의 시름을 더하고 있다. 유실된 포탄, 탄약, 대인지뢰 대부분이 수거되었다고 하나 발목지뢰 중 상당수가 아직 발견되지 않고 있으며 유실된 지점에서 130킬로미터 떨어진 인천 세어도에서 그 첫 희생자가 나타났다.

관련 자료에 따르면 현재 지구상에는 약 1억 개의 지뢰가 64개국에 매설되어 있어 매년 1만 5,000명이 목숨을 잃거나 불구가 되고 있으며, 이들 희생자 중 80%가 민간인들이다. 현재 가장 지뢰가 많이 있는 곳으로 아프가니스탄(500만~1,000만 개), 앙골라(900만~1,500만 개), 캄보디아(800만~1,000만 개), 이란(1,600만 개), 이라크(1,000만 개) 등을 들 수 있다.

지뢰는 그 가격이 싸고 제조와 사용이 쉬우면서도 가볍고 크기가 작지만 그 위력 또한 대단해 정규군이건 게릴라건 많이 사용하고 있

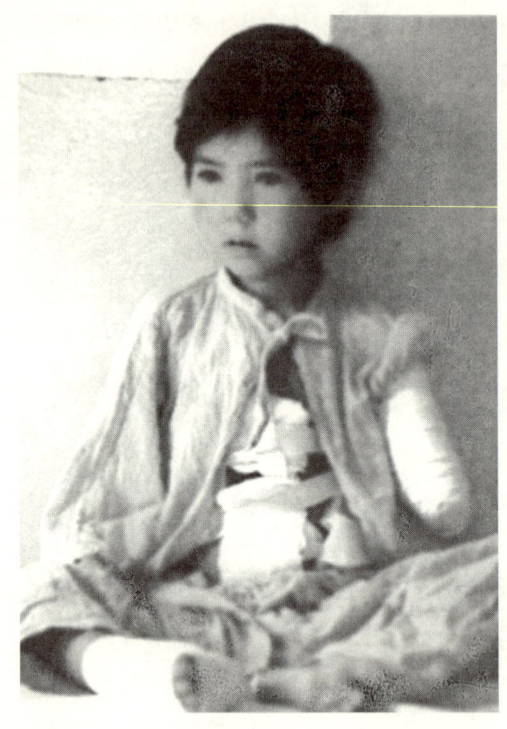
지뢰에 희생된 어린이.

다. 오늘날에는 플라스틱 재료까지 등장하여 금속탐지기로 찾을 수 없는 경우가 허다하다. 또한 예전에는 지뢰를 한 개씩 조심스럽게 매설하였으나 요즈음은 헬리콥터 등을 이용한 원거리 살포 시스템으로 광범위한 지역에 불과 몇 분 사이에 수천 개를 뿌릴 수 있다. 이렇게 뿌린 지뢰는 비가 조금만 와도 흘러 내려와 민가나 밭, 길 등에 자갈 등과 함께 섞여 있다가 민간인들과 가축에 치명적인 피해를 안겨주어 난민의 귀향을 저해하고 경작활동뿐 아니라 일상생활에 막대한 지장을 주고 있다.

지뢰 한 개를 제거하는 데는 300~1,000달러가 든다. 유엔이 약 1,000

억 원을 들여 고작 10만 개의 지뢰를 제거했으나 일년 동안 새로 뿌려지는 지뢰는 200만 개에 달한다. 새로 지뢰를 매설하지 않고 현재 이 지구상에 있는 지뢰만 제거하는 데는 1,100년이 걸린다고 한다.

유엔과 국제적십자사는 무고한 민간인들에게 무차별한 피해를 안겨주는 대인지뢰 문제 해결을 위해 힘써왔다. 국제적십자회의, 오타와 회의 등 각종 국제회의에서는 불필요한 살상을 되도록 줄이고 특히 민간인들의 피해를 줄이기 위해 지뢰 제작 및 수출 금지, 전면적인 사용 금지를 비롯하여 일정 시간이 지나면 효능이 없어지는 지뢰로 대체하자는 등의 논의가 활발하게 진행되고 있다. 그러나 제작비가 싼데다가(개당 3~20달러) 제조기술 또한 간단하여 개발도상국이나 민족해방전선, 게릴라들의 적극적인 참여 없이는 별 효과가 없을 것으로 보인다.

이렇듯 대인지뢰 사용 금지 문제가 국제사회의 핫 이슈로 등장하고 있으나 한국, 중국 등은 금지협약에 가입하는 것을 유보하고 있으며, 미국도 한반도를 예외로 인정해줄 것을 요구하고 있다. 이 두 나라에서 대인지뢰는 민간인 살상과는 거리가 먼 방어용 무기로서 한국의 경우 군사분계선을 따라, 중국의 경우 긴 국경선을 따라서 외부의 군사적 간섭과 침략으로부터 영토를 지키는 데 필수적이라고 보고 있기 때문에 대체할 방안을 찾기 전에는 대인지뢰를 전면적으로 금지시키는 데 동의하지 못하고 있다.

그러나 중국의 경우 캄보디아에 무상으로 지뢰탐지기를 제공하고 지뢰제거 기술인력 양성을 지원하는 한편 광시장족(廣西壯族) 자치구와 윈난(雲南) 성 변경지역에서 대규모의 지뢰제거 작업을 벌였다. 대한적십자사의 경우 미얀마의 지뢰 피해자들의 의수족 장착을 위해 12

만 달러를, 캄보디아에 휠체어 160대를 지원했고, 아프가니스탄에서는 SBS와 공동 모금을 통해 지뢰 피해자들을 위해 종합복지관을 설립, 그들의 재활을 돕고 있다.